常见摩托车电路图及识读

CHANGJIAN MOTUOCHE DIANLUTU JI SHIDU

李土军　主编

化学工业出版社

·北京·

内 容 简 介

本书以原摩托车车型电路图为基础，选取了近几年上市的热销摩托车车型，展示了这些车型的电气系统电路图及电路控制原理，方便摩托车维修人员查阅车型电路资料，查找及检修电路故障。

本书以轻松查看摩托车电路图为中心，简要介绍了电路基础知识和基本检修方法，以及摩托车充电系统、启动系统、点火系统、照明系统、信号系统、仪表显示系统及发动机电控系统的作用与组成、工作原理、系统电路和常见故障的解决方法等内容。

本书摩托车车型电路齐全，车型新，实用性强，适合摩托车专业维修人员、驾驶员参阅，也可供摩托车电气电路改装、加装人员参考。

图书在版编目（CIP）数据

常见摩托车电路图及识读/李土军主编．—北京：化学工业出版社，2023.4

ISBN 978-7-122-42763-2

Ⅰ.①常… Ⅱ.①李… Ⅲ.①摩托车-电路图-识图
Ⅳ.①U483

中国国家版本馆 CIP 数据核字（2023）第 019642 号

责任编辑：周　红　　　　　　　　文字编辑：张　宇　陈小滔
责任校对：王　静　　　　　　　　装帧设计：王晓宇

出版发行：化学工业出版社（北京市东城区青年湖南街 13 号　邮政编码 100011）
印　　装：河北鑫兆源印刷有限公司
710mm×1000mm　1/16　印张 14　字数 261 千字　2023 年 5 月北京第 1 版第 1 次印刷

购书咨询：010-64518888　　　　　售后服务：010-64518899
网　　址：http://www.cip.com.cn
凡购买本书，如有缺损质量问题，本社销售中心负责调换。

定　　价：69.80 元

前言

在道路日益拥堵的今天，由于摩托车具有轻便灵活、使用方便，又能让骑行者享受"风和自由"等优点，我国的摩托车保有量增加迅速，摩托车已成为中心城市和乡镇中流行的代步工具。而电气电路是摩托车的重要组成部分，由于工作环境恶劣，如高温、振动等，摩托车电路系统故障发生率较高。

尽管摩托车车型、款式繁多，其电气设备和电路各异，但它们都有相似的工作原理。摩托车电路比较复杂，不同车型的电路图画法也不相同，很多摩托车维修人员面对复杂的摩托车电路往往眼花缭乱，深感摩托车电路基础知识的不足。为了满足广大读者的迫切需求，我们特编写了这本《常见摩托车电路图及识读》。

本书主要介绍了摩托车电气系统的结构原理，展示了众多摩托车厂家如豪爵铃木、光阳、隆鑫、龙嘉、本田、雅马哈等生产的常见摩托车车型的电路图。各系统电路配上简要的电路原理描述，有利于全局把握电路工作原理，即使初级维修人员也能较快上手。

本书内容由浅及深，开篇就对摩托车电路的基础知识和摩托车电气系统的组成和工作原理做了简要介绍，使无基础的摩托车修理工也能学会看摩托车电路图。本书将原厂密密麻麻、纵横交错的整车电路图拆分成几张按电气系统分类的电路图，使摩托车电路图易于识读，以便让读者能根据电路图快速查找电气故障。

本书可供摩托车专业维修人员、培训学员、驾驶员、销售人员及管理人员阅读参考。

本书由李土军主编，参加本书编写工作的还有李春、颜雪飞、颜复湘、欧阳汝平、朱莲芳、陈庆吉、李桂林、周家祥、颜雪凤、李玲玲。

由于本书涉及内容较广，书中难免有不足及疏漏之处，敬请广大读者批评指正。

编者

目 录

第一章

摩托车电路必知必会

第一节 电路基础

一、电路的组成

电路就是电流所流经的路径。一辆摩托车包含几十上百个单独的电路，其中某些电路较为复杂，但其工作原理都是相同的。若要构成一个完整的电路，就必须有电源、导体、负载和负极回路。绝大多数摩托车电路均包括电源（蓄电池或发电机）、导体（导线或电缆）、接地通路（车身与蓄电池接地电缆）、负载（灯泡或电动机）、保护装置（熔丝或断路器）、控制装置（开关或继电器）。

无论电路构成组件的数量有多少，或其位置如何，电流总是在一个完整回路中流动。一个简单的摩托车电路如图1-1所示。合上开关时，电流从蓄电池正极出发，流经熔丝、开关、灯泡后回到负极，灯泡发光工作。

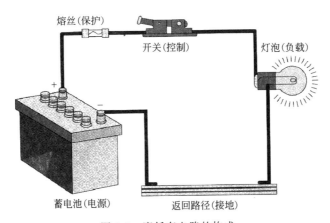

图 1-1　摩托车电路的构成

1. 电源

摩托车的电源包括蓄电池和发电机，如图 1-2 所示。在启动时，蓄电池向起动机和点火装置供电；在发电机不发电、电压较低或发动机处于低速时，蓄电池向点火系统及其他用电设备供电。发电机是摩托车的主电源，其在发动机的驱动下，将机械能转变为电能，向摩托车电器供电，同时将多余的电能向蓄电池充电。

图 1-2　摩托车的蓄电池和永磁发电机

2. 控制装置

控制装置包括开关和继电器等。控制装置通过在电路中的某个特定点接通或切断电流，使得一个电路更具有使用性。一个电路中的开关处于闭合状态可形成一个完整通路，使电流顺畅流过；操纵开关断开通路，即切断电流。摩托车上的控制开关包括点火开关、熄火开关、左右车把开关、离合器开关和边撑开关等。继电器装置包括启动继电器、主继电器、燃油泵继电器和转向灯继电器等。

3. 负载（用电器）

电流通过负载时，可将电能转换为热能、光能或电磁驱动力（机械能）。摩托车的负载即用电器主要包括起动机、前照灯、转向灯、尾灯/制动灯和喇叭等。

4. 连接导线

连接导线的作用是将电源、负载、控制开关等互相接通起来，传输和分配电能，使各电路能正常工作。

二、电路的三种状态

摩托车电路的状态通常有三种：通路、开路和短路。

1. 通路

通路是指电流能在其中正常导通的电路，电流从电源正极出发，经过用电器（灯泡）后，能顺利回到蓄电池负极。图 1-3 所示的电路即处于通路状态。

2. 开路

摩托车电路可通过开关控制通与断。当开关闭合时，电源与负载接通，电路中有电流通过，灯亮，这种状态称为通路。开关断开时，电路中没有电流通过，灯不亮，这种状态称为开路或断路。摩托车电气系统的电路中，有的开路是有意的，如人为关闭大灯开关；有的因电路故障引起的开路则是无意的。图1-4中示出了一些无意的"开路"的例子，包括熔断的熔丝、摘开电压源、断线、分离接地线和烧坏的灯泡。

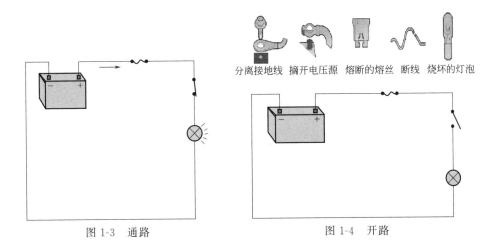

分离接地线　摘开电压源　熔断的熔丝　断线　烧坏的灯泡

图1-3　通路　　　　　　　　　　　图1-4　开路

3. 短路

当用一根导线把电路上的电器或者电源的两端直接连在一起，即为短路。根据短路情况（电源短路或用电器短路），电流可绕过电路中的部分或全部用电器，然后直接从短接的导线流过。由于导线电阻很小，电流会突然增大很多倍，产生很大危害。

① 电源短路：电流不经过任何用电器，直接由正极经过导线流回负极，如就图1-5所示。电源两端的导线直接相连接，输出电流过大对电源来说属于严重过载，如果没有保护措施，电源或电器会被烧毁或发生火灾，所以通常要在电路或电气设备中安装熔断器、熔丝等保护装置，以避免发生短路时出现不良后果。

② 用电器短路：也叫部分电路短路，一根导线接在用电器的两端，此用电器被短路，这时容易产生烧毁其他用电器的情况。如图1-6所示，由于电路故障，灯泡L2被短路，没有电流流经L2，而是全部通过灯泡L1，此时，L1有可能因电流过大而烧毁。

三、电路的连接方式

1. 串联

串联就是将所有的用电器首尾相接，连成一个通路，如图1-7所示。它的特点是各负载中通过的电流相等。串联电路的总电阻等于各电阻之和。在电源串联电路中，电源总电压等于各蓄电池电压之和。

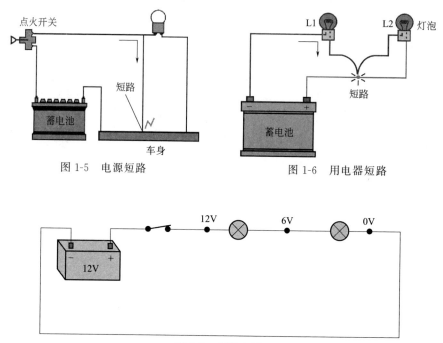

图 1-5　电源短路　　　　　　　　图 1-6　用电器短路

图 1-7　串联电路

在串联电路中，只有一条路径供电流通过，电流通过各负载后经接地回到蓄电池。因此，串联电路中通过各用电器的电流都相等。由于串联电路中只有一条电流通路，电路中任何一处断开都会使电流中断。

串联电路中，增加负载将降低每个负载的工作电压，并降低电路的电流。例如，增加灯泡将使所有灯泡变暗。

在有两个功率相同的负载串联电路中，这两个负载分得的电压相同，每个负载分得的电压与其电阻成正比（$U=IR$）。如果测量第一个负载前的电压，会发现电压为12V。当电压经过第一个负载产生压降后，会发现经过第二个负载前的电压为6V。待这个电压经过最后一个负载后就变成了0V，这说明每个负载的压降为6V。

2. 并联

如图1-8所示，电路中的各用电器并列地接到电路的两点间，这种连接方式叫做并联。这样连成的总体称为并联组合。其特点是：

① 组合中的元件具有相同的电压；

② 流入组合端点的电流等于流过几个元件的电流之和。

并联电路是具有多个电流流通路径的电路。虽然电压、电流和电阻仍然对并

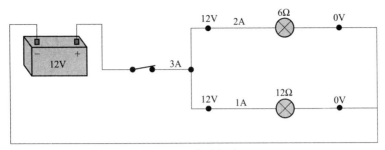

图 1-8　并联电路

联电路存在一定的影响，但与简单的串联电路相比却有所不同。在并联电路中，每个支路都具有蓄电池（电源）电压，增加支路不会降低工作电压。换言之，并联电路的每个支路就相当于一个独立的串联电路。

　　绝大多数的摩托车电路均为并联电路。并联电路一个很大的优点是：如果其中一个负载或支路出现较大的电阻（如因故障断开），则其他支路仍然会正常工作。并联电路中都有熔断保护装置，如果一支路因故障导致电流过大，则熔丝将熔断，从而断开故障电路，但又不影响其他并联电路中用电器的正常工作。

四、欧姆定律

　　电的三大要素是电流、电压、电阻，它们之间有着某种特定的关系，这种关系就是欧姆定律。在同一电路中，导体中的电流 I 跟导体两端的电压 U 成正比，跟导体的电阻成反比，这就是欧姆定律。用公式表示为：

$$I = U/R$$

　　电压、电流和电阻之间的关系可以用图 1-9 所示的水流来代替说明。电流与所施加的电压成正比，而与一个基本电路中的电阻成反比。增加水箱中水的容量（水压）可增加水轮的速度。另一方面，降低闸门的开度阻止水流，便减慢水轮的速度。因此，调节水压及闸门高度便可以将水轮控制在设定的速度运行。

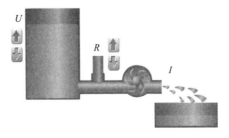

图 1-9　调节水流（电流）的方法

同样，在电路中，改变电阻及电压值，可以对电路中各设备分配不同的做功量。

第二节　电路中的电气元件

一、电阻

电阻是利用金属或非金属材料制成的具有一定阻值（阻碍电流流动）的电路元件。几乎在所有的电路中都离不开电阻（用 R 表示）。其功能可归纳为：降低电压、分配电压、限制电流及向各种电子电路元器件提供必要的工作条件（如电压、电流）等。

常见的电阻种类很多，按其结构形式可分为固定电阻、可变电阻；按制造材料可分为碳膜电阻、金属膜电阻、金属氧化膜电阻器、贴片电阻等；按功能分为

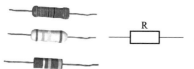

图 1-10　碳膜电阻及电阻符号

负载电阻、采样电阻、分流电阻、保护电阻等。最常见的碳膜电阻及电阻符号如图 1-10所示。

可变电阻可分为机械可变电阻（电位器）和其他类型的受外界温度、压力等条件影响的电阻器，如热敏电阻、光敏电阻等。

在电路图中，电阻值在兆欧以上的，标注单位为 MΩ。电阻值在 $1\sim1000$ kΩ 之间，标注单位为 kΩ。电阻值在 1000Ω 以下，标注单位为 Ω。

电位器在电控摩托车上的主要用途是作为位置传感器，如发动机电控系统的节气门位置传感器（图 1-11）和燃油余量传感器。这些传感器可以精确计量某些位置的微小变化，将位置信号转换成电压信号输出。

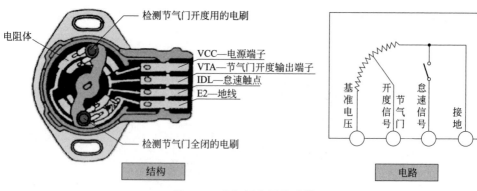

图 1-11　节气门位置传感器

二、电容器

电容器是一个能够存储电荷或电能的元件，简称电容。电容通常由两片薄金属板和夹在金属板之间的一层绝缘体（电介质）组成。电容是摩托车电子电路中的一大重要元件，通常用 C 来表示。

各式各样的电容器如图 1-12 所示。根据实际应用情况，电容器分为非极化电容器和极化电容器。非极化电容器的两个接头相同，即可以相互调换。非极化电容器可用直流和交流电压驱动。而极化电容器有一个正极接头和一个负极接头，这两个接头不能互换。极化电容器不能用交流电压驱动。

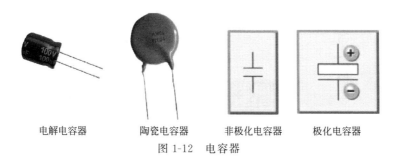

　　电解电容器　　　　陶瓷电容器　　　非极化电容器　　极化电容器

图 1-12　电容器

电容是各种电路的主要元器件之一，它们在电路中分别起着不同的作用。电容的功能有：调谐、耦合、滤波、去耦、通交流隔直流（旁路交流电、隔断直流电）等。在直流电路中，只有在电容充电过程中才有电流流过，充电过程结束后，电容是不能通过直流电的，在电路中起着"隔直流"的作用。电容充电的时候，蓄电池电压迫使电流流过充电电路，如图 1-13 所示。

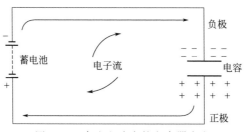

图 1-13　直流电路中的电容器充电

电容的容量取决于导电板的面积、导电板距离和两板之间绝缘材料的性质。电容器的存储能力称为电容。电容的单位是法拉（F）。但实际上电容器的容量往往比 1F 小得多，常用微法（μF）、皮法（pF）等表示，它们的关系是：

$$1 \text{ 法拉（F）} = 1000000 \text{ 微法（μF）}$$

$$1 \text{ 微法（μF）} = 1000000 \text{ 皮法（pF）}$$

三、电感元件

电感是利用电磁感应的原理进行工作的。当有电流流过一线圈时，就会在这个线圈的周围感应产生一定的电磁场，如图1-14所示。磁力线离开的地方为N极，进入的地方为S极。

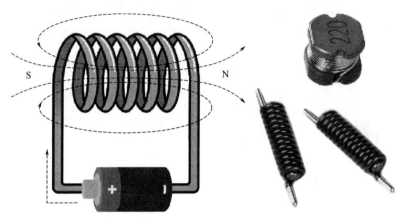

图1-14　电感工作原理

将任意导线绕制成螺旋状的线圈，即得到一个最简单的电感。各种类型的线圈和变压器都是电感元件，它既是电路的重要元件，也是电子电路的重要元件之一，它和电阻、电容、晶体管等进行组合，从而构成各种功能的电子电路。电路图中通常用字母L＋数字来标识每一个独立的电感个体。

电感通常都是线绕的，种类很多。电感可分为固定电感、可调电感两种；按导磁体可分为空芯电感、铁芯电感、铁氧体电感三种；按线绕结构可分单层电感、多层电感两种。电感还可分为低频扼流圈与高频扼流圈、引线电感与片状电感、功率电感与信号电感等。带有铁芯的线圈称为电磁铁。在线圈中放入一个铁芯，可使磁场强度增大1000倍。在摩托车电气系统中，这个原理用于点火线圈、继电器、电磁阀（如喷油器）和电机等各种元件。

四、晶体二极管

二极管是由P型和N型半导体结合成的半导体元件。二极管的结构和电路符号如图1-15所示。由于二极管允许电流只在一个方向流动，制造二极管时，在它的N端附近印有一条线，用于指示阴极（－）。二极管P端的电极被称为阳极或正极（＋），二极管N端的电极被称为阴极或负极（－）。在实际电路图中，并不需要用文字将二极管的正、负极标注出来，仅根据图形符号即可判断。

二极管通常由特殊加工的硅制成，其实质就是一个PN结，那么二极管也就

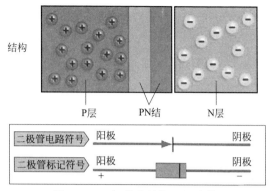

图 1-15 二极管的结构和电路符号

继承了 PN 结的单向导电性：二极管正向导通，反向截止。如图 1-16 所示，若将二极管看作一个开关，二极管正向偏置时就如开关闭合；二极管反向偏置时就如开关断开。

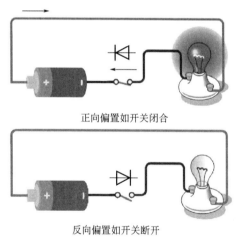

图 1-16 二极管的特性

按照所用的半导体材料，二极管可分为锗二极管（Ge 管）和硅二极管（Si 管）。按照二极管功能的不同，二极管可分为普通整流二极管、稳压二极管、LED 发光二极管、光敏二极管等。

1. 普通二极管

普通二极管只允许电流向一个方向流（从 P 侧到 N 侧）。如果反向施加电压，则电流不能流通。基于这一特性，我们可以将普通二极管用于交流发电机的整流器。如图 1-17 所示，摩托车交流发电机上的整流器就是使用整流二极管组成的桥式整流电路，将交流发电机产生的交流电转换成可供摩托车电器使用的直流电。

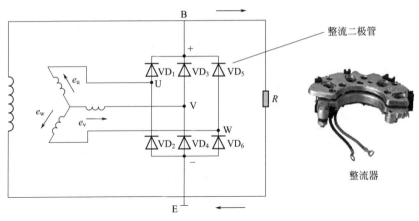

图 1-17　整流二极管的应用

2. 稳压二极管

稳压二极管又称为齐纳二极管，其正向导通和普通二极管情况一样。当外加的反向电压大到一定数值时，其反向电流就会突然增大，此现象称为反向击穿，而反向导通的电压为齐纳电压，只要对反向电流进行限制，这种击穿就是非破坏性的。稳压二极管被击穿后，尽管通过稳压二极管的电流能在很大的范围内变化，但稳压二极管两端的电压变化很小或几乎不变。稳压二极管就是利用这种特性来实现稳压的。

使用稳压二极管可以稳定直流电压。图 1-18 是一个稳压二极管电路，它能够在输入电压于 12~15V 之间摆动时，使输出电压稳定在 5.1V。

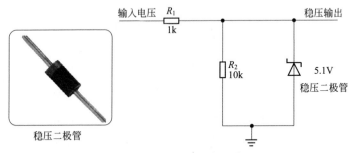

图 1-18　稳压二极管电路

3. 发光二极管

发光二极管简称为 LED，其结构如图 1-19 所示。它可以把电能转化成光能。发光二极管与普通二极管一样是由一个 PN 结组成，也具有单向导电性。当给发光二极管加上正向电压，注入一定的电流后，电子与空穴不断流过 PN 结或与之类似的结构面，当电子与空穴复合时能辐射出可见光。

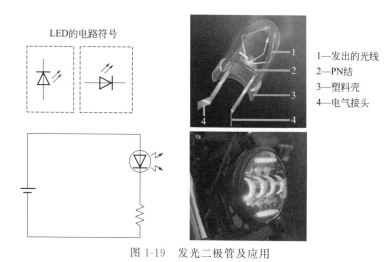

图 1-19　发光二极管及应用

　　LED 必须始终与一个串联电阻连接在一起，以便限制经过发光二极管的电流。发光二极管常用于摩托车仪表、指示灯及各种灯具。

　　LED 相对于普通灯泡的优势在于：LED 功耗低，发热小，寿命长；不会突然发生故障，而是光强度随着时间减弱；响应时间更快；抵抗机械振动的能力较强。因此，我们可以看到 LED 已经广泛地应用在摩托车灯光系统上，如 LED 前照灯、日间行车灯、尾灯、转向指示灯、倒车灯、制动灯等。

五、晶体三极管

　　晶体三极管是由三个半导体层组成的电子元件，且每个半导体层都各有一个电气接头。如图 1-20 所示，根据半导体层的分布方式，三极管可分为 PNP 晶体管和 NPN 晶体管两种。这三个半导体层及其接头称为发射极（E）、基极（B）和集电极（C）。电荷载体从发射极移动到基极（发射出去）并由集电极吸收。因此，三极管有两个 PN 结：一个位于发射极与基极之间；另一个位于集电极与基极之间。

　　三极管是有三根导线的半导体。将一个微小的电流或电压（0.6V）施加在一根导线（基极）上，就可以控制流经其他两根导线的较大的电流。这就意味着三极管可以当作放大器和开关来使用。

　　如图 1-21 所示，在一个 NPN 的三极管中，当电流 I_B 从 B 极流到 E 极时，电流 I_C 从 C 极流到 E 极。在 PNP 的三极管中，电流 I_B 从 E 极流到 B 极，电流 I_C 从 E 极流到 C 极。电流 I_B 叫做基极电流，电流 I_C 叫做集电极电流。因此，只有在 I_B 电流通时，I_C 才会流通。

　　在摩托车的电气系统中，用电器通过机械和电子开关打开和关闭。因为晶体

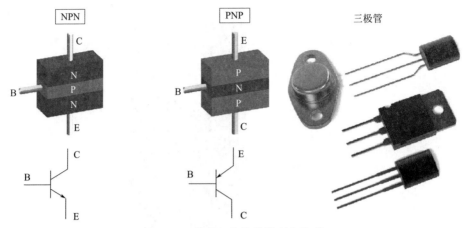

图 1-20　晶体三极管的类型和外观

管响应速度更快，没有噪声而且不会造成机械磨损，越来越多的机械开关已由晶体管所取代。如图 1-22 所示，三极管用于控制发动机点火、喷油及车速信号的转换。

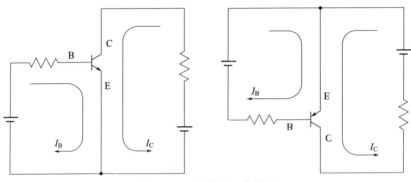

图 1-21　三极管的工作原理

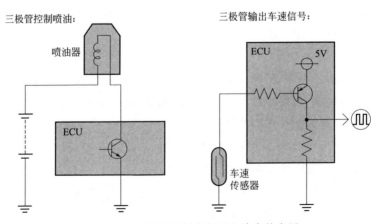

图 1-22　三极管在摩托车电子电路中的应用

六、熔丝和继电器

1. 熔丝

熔丝，俗称"保险丝"。摩托车上常见的熔丝有片式和管式两种类型，如图 1-23 所示。片式熔丝在摩托车上最为常见，有特定的额定电流和色标。熔丝上标有额定电压和额定电流值（如 10A）的永久性标记。熔丝外壳体上的两个小孔可以使修理工很方便地检查电压降、工作电压或导通性。

熔丝是插接式装置，当超过规定值的电流流过单个电器的电路时，熔丝就会熔断，以保护电器。在将电路故障修复后必须更换熔丝：

① 检查熔丝时，须确认熔丝的金属丝没有熔断；

② 如果熔丝的金属丝已熔断，则确认电路中没有短路；

③ 更换熔丝时，必须使用额定电流值相同的熔丝。

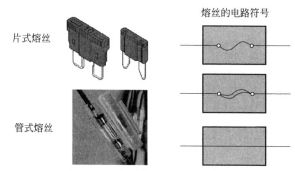

图 1-23　摩托车熔丝及电路符号

2. 继电器

继电器是控制电路中使用历史最长的一种电气元件，它是利用较小的电流来控制较大的电流的远程控制开关。摩托车电气系统中所使用的继电器体积较小，触点控制的电流也较小，属于小型继电器。它们通常安装在熔丝继电器盒上，如图 1-24 所示。

图 1-24　熔丝继电器盒

摩托车上广泛使用机械式继电器，这种机械式继电器一般由铁芯、线圈、电枢、触点簧片等组成的。打开外壳后的继电器如图 1-25 所示。

工作触点

电磁线圈

图 1-25 继电器的结构

机械式继电器通常依据电磁铁的工作原理工作。如图 1-26 所示，若一个由电源、开关及灯泡组成的电路，要求用强电流直接接线，则开关及接线都要有承受此强电流的能力，然而，可使用一开关利用弱电流去接通和断开一继电器，然后由后者通过的大电流去接通或断开灯泡。

当开关闭合时，电流经过触点 1 及 2 使线圈励磁，线圈的磁力吸引触点 3 和 4 之间的活动触点，结果触点 3、4 接通并使电流流向灯泡。

当开关断开时，线圈断电，线圈的磁力也随之消失，活动触点就会在弹簧的弹力作用下返回原来的位置，使动触点与原来的静触点释放。

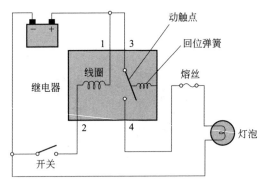

图 1-26 继电器的工作原理

按断开及接通方式，继电器可分为如下类型，如图 1-27 所示。

（1）常开型 工作时通过控制电流使负荷电路闭合的继电器称为常开继电器。如图 1-27(a)、(b) 所示，这一类型的继电器不工作时是断开的，只有在其线圈通电时才闭合。

（2）常闭型 工作时通过控制电流使负荷电路断开的继电器称为常闭继电器。如图 1-27(c) 所示，这种类型的触点不工作时是闭合的，只有在其线圈通电时才断开。

（3）切换型 还有一种将两种继电器类型结合在一起的切换继电器，即工作时使一侧工作触点断开，另一侧工作触点闭

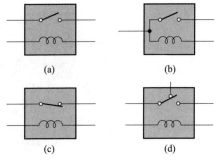

图 1-27 继电器的类型

合。如图 1-27(d) 所示，这种类型在两个触点之间切换，由线圈通电状态决定。

摩托车上许多电气部件需要用电气开关进行控制。由于摩托车电气系统电压较低，具有一定功率的电气部件工作电流较大，一般在几安甚至几十安以上，这样大的电流如果直接用开关或按键进行通断控制，开关或按键的触点将因为无法承受大电流的通过而烧毁。因此，在摩托车的电气系统中，有很多地方应用了继电器，例如，供电（30 电、15 电）继电器、燃油泵继电器、冷却风扇控制继电器、启动继电器、喇叭继电器、闪光继电器等。

例如，摩托车燃油泵的控制电路如图 1-28 所示。燃油泵由发动机 ECU 通过燃油泵继电器控制工作。打开点火开关后，燃油泵会先工作 2s，使燃油管路内充满有压力的燃油，以便顺利启动车辆。如果发动机 ECU 未收到曲轴位置传感器传来的 NE 信号，燃油泵停止运转；如果发动机 ECU 收到曲轴位置传感器传来的 NE 信号，燃油泵将继续工作。

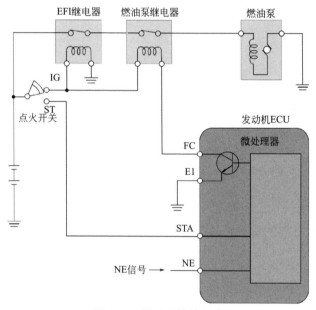

图 1-28　燃油泵控制电路

第三节　摩托车电气特点和电路符号

一、摩托车电气的特点

（1）低压直流供电　摩托车电气系统一般采用 12V 直流电为电源，早期的摩托的照明系统和点火系统采用交流电（由永磁发电机的充电照明线圈供电）。

（2）并联连接　电源设备与用电设备并联连接，而开关则串联在二者之间，各用电设备互不干扰。

（3）单线制　所谓单线制，不是说摩托车电气设备用一根线就可以工作，而是利用摩托车发动机和车体等金属构件作为各种用电设备的负极连线（俗称搭铁），而用电设备到电源只需另设一根导线。任何一个电路中的电流都是从电源的正极出发，经导线流入用电设备后，通过金属车架流回电源负极而形成回路。

摩托车电路采用单线制，不仅可以节省材料，减少导线，使电路简化，而且也便于电路的控制和检修。

（4）采用不同颜色的导线　电路中的连接导线均采用规定颜色，根据这一特点可以比较方便地查找电路连接和检修故障。摩托车导线分为单色线和双色线。

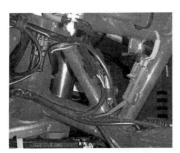

图1-29　摩托车上的插接器

单色线是指表皮只有一种颜色的导线，通常电源单色线为红色（R），接地线为黑色（B）或绿色（G）。双色线包括主色和辅色两种颜色。双色导线的主色为基础色，辅色为环布导线的条色带或螺旋色带，且标注时主色在前，辅色在后。以双色为基础选用时，各用电系统的电源线为单色，其余为双色。

（5）插接器连接　电路的连接中广泛采用插接器（图1-29），它有单极、双极、三极、四极、六极和九极等插接器。插接器连接具有体积小、结构简单、查找方便等特点，在保养和检修时可以方便地断开或恢复电路的连接。

二、电路图中的图形符号

在摩托车电路图中，电气元件是用图形符号来表示的。各大摩托车厂家的图形符号虽然不尽相同，但符号形态较为相似。有些厂家采用的是国家标准规定的画法，有些则借鉴了国际摩托车品牌的画法，有些还出现了元件和外形简图和结构图。

常见的摩托车电路图形符号如表1-1所示。

表1-1　常见的摩托车电路图形符号

图形符号	说明	图形符号	说明	图形符号	说明
	相连接线路	M	直流电动机		二极管

续表

图形符号	说明	图形符号	说明	图形符号	说明
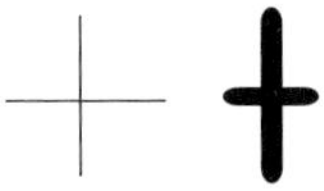	不相连接线路	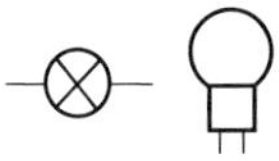	灯泡	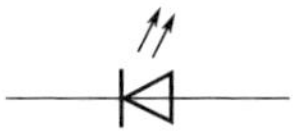	发光二极管
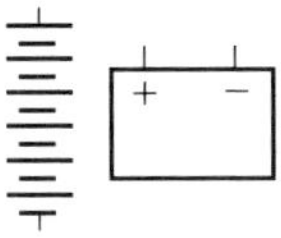	12V 蓄电池	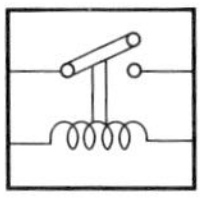	继电器 1	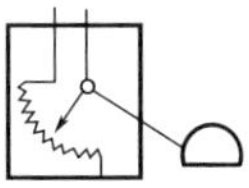	燃油传感器
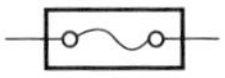	熔丝	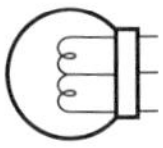	前照灯	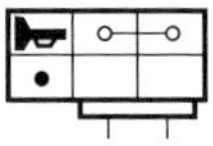	喇叭按钮
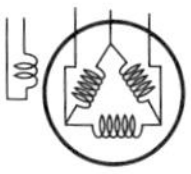	发电机	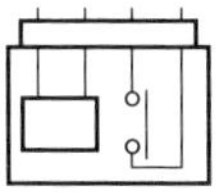	继电器 2	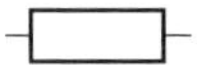	电阻
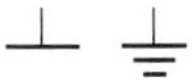	接地	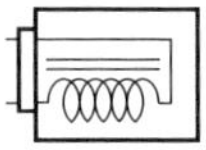	电磁阀	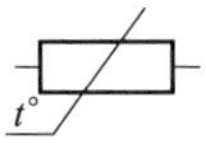	温度传感器
	非自锁式开关	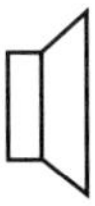	扬声器	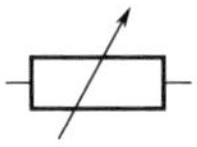	可变电阻
	自锁式开关		喇叭	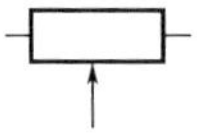	电位计
	常开式开关	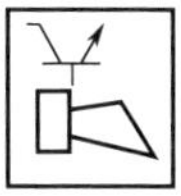	警报喇叭		单线插接件
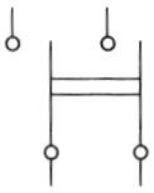	联动开关		加热器	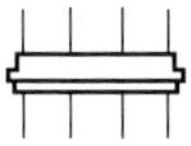	多线插接件
	火花塞	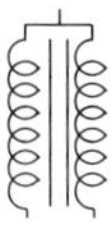	点火线圈	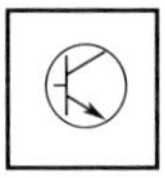	控制单元

三、电路图中的文字符号

阅读摩托车电路图时，还要注意电路图中的文字标注，它们往往表示重要的含义。常见的电路文字符号如表 1-2 所示。

表 1-2　常见的电路文字符号

文字符号	含义	文字符号	含义	文字符号	含义
ECU/ECM	电子控制单元	BAT	蓄电池	D 或 L	灯
ABS	制动防抱死	GND 或 E	接地	HL	前照灯
EFI	电子燃油喷射	2P	2 极插接器	TL	尾灯
TPS	节气门位置	6P	6 极插接器	SL	信号灯
MAP	进气歧管压力	9P	9 极插接器	HORN	电喇叭
AT	进气温度	Q 或 L	线圈(绕组)	ON	打开
VD 或 V	晶体二极管	S 或 SW	开关	OFF	关闭
VT	晶体三极管	AN 或 BS	按钮	N	空挡
VS	稳压二极管	SG 或 W	闪光器	HI	远光
SCR	晶闸管	ZL	整流器	LO	近光
K	继电器	G	发电机	PO	位置
R	电阻	M	电动机	L	左转
C	电容	CDI	点火器	R	右转

四、导线颜色标注

摩托车电路图中，导线的颜色通常用文字或字母来表示。如国产摩托车的电路图中，"白"表示白色导线；"绿"表示绿色导线；"橙/白"表示橙色为主色，白色为辅色（通常为斜纹或细条状）的双色导线。进口摩托车及合资摩托车的电路图中，导线颜色使用字母代码标注，单色和双色的标注方法与中文相似，如字母 B 表示黑色，G 表示绿色，B/W 表示黑色带白条，Y/R 表示黄色带红条。

导线颜色的英文字母标注符号如表 1-3 所示。

表 1-3　导线颜色的字母标注符号

颜色	本田	铃木	雅马哈	宝马	KTM
黑色	Bl	B	Bl	SW	s
黄色	Y	Y	Y	GE	ge
蓝色	Bu	Bl	L	BL	bl
绿色	G	G	G	GN	g
红色	R	R	R	RT	r
白色	W	W	W	WS	w
褐色/棕色	Br	Br	Br	BR	br
橙色	O	O	Or		o
灰色	Gr	Gr	Gr	GR	gr

续表

颜色	本田	铃木	雅马哈	宝马	KTM
天蓝色/浅蓝色	Lb	Lbl	Sb		
浅绿色	Lg	Lg	Lg		
粉红色	P		P		
赤褐色			Ch		
深绿色			Dg		
紫色				Vl	v

第四节　摩托车电路故障的检修

一、电路诊断和维修的基本流程

当电路中出现故障时，应按下列 5 个步骤进行检查。

1. 确认故障现象

为了正确进行维修，首先应确认客户（车辆送修人员）所描述的故障现象，可以再现故障内容。仔细检查相关部件以确认故障现象并做好记录。不得在未确定故障范围和故障原因之前就对部件进行分解。

2. 电路图识读及原因分析

根据相关电气系统的电路图，对故障部件从电源到接地的整个电路进行分析、判断，确定故障原因，明白电气系统的工作原理。有时需要检测与故障电路公用的其他电路，如在电路图上参考熔丝、接地、开关等公用的系统电路。

如果公用电路中的其他部件工作正常，则故障就在电路本身。如果公用电路上的部件都有故障，则公用的熔丝或搭铁存在问题。

3. 电路及部件的检查

查阅电路图时应该结合维修手册，通过参考维修手册中对电气系统的描述，了解系统的工作原理，以及参考维修手册中对电路及部件的检查流程。对于有控制模块的电路，可以先使用诊断仪对部件进行测试，得出结果。有效的故障诊断应该是具有逻辑性的分析过程。

4. 故障维修

找出故障原因后，参考电路图及维修手册中对故障处理方法的描述，对故障电路及部件进行维修。

5. 确认电路工作

修理结束后，为了确认故障已排除，要重新进行检测。如果是熔丝熔断故障，则对所有该熔丝的连接电路进行检测。

二、电路故障检修设备

1. 电压表及试灯

检测电路故障时，可以用试灯或电压表检查电路状态及用试灯检查有无电压。如图 1-30 所示，试灯由一对导线和 12V 灯泡组成。检查时，一根导线搭铁，另一根导线连接在某个测量点上。如果这时灯亮，说明这点有电源供应。

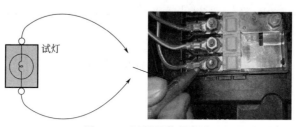

图 1-30　试灯及使用方法

注意：检测电子控制模块的电压时，例如检测电控燃油喷射发动机使用的发动机控制模块（ECM）电路的电压，必须使用 $10\text{M}\Omega$ 或电阻更高的数字电压表来检查。使用试灯对模块电路进行检查，有可能损坏内部电路，所以绝对不能使用试灯进行电子电路的测试。

电压表与试灯的使用方法基本相同，不同的是用试灯只能检查是否有电，而电压表还可以显示电压的大小。

2. 自带电源的测试灯及电阻表

用自带 12V 电源的试灯或电阻表可用来检查电路回路是否导通。如图 1-31 所示，自带电源的试灯由灯泡、电池和两根导线组成，两根导线相连接时灯泡亮。检测前，应先断开蓄电池负极导线并拔出该电路的熔丝，然后利用试灯的两根导线分别连接需要检测导通性的两个测量点，如果试灯正常点亮，则线路连接正常。

电阻表的使用方法与电压表相同，但电阻表能显示当前的电阻值，显示的电阻值越小，表示导通性越良好。

3. 带熔丝的跨接线

在检查开环（断路）电路时，需要使用跨接线来确定断路点。带熔丝的跨接线如图 1-32 所示。对于那些可能因短路导致线路断开的情况，应使用带有比电路额定容量小的熔丝的跨接线来检查相关电路。

4. 万用表

万用表一般分为指针式万用表（模拟式）和数字式万用表（图 1-33）。

数字式万用表可测量：直流电压、交流电压、直流电流、交流电流、喷油脉冲、二极管/三极管极性判断、电阻、电路导通性等。

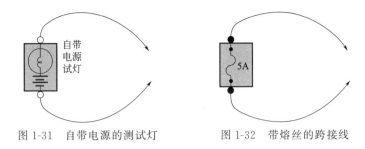

图 1-31 自带电源的测试灯   图 1-32 带熔丝的跨接线

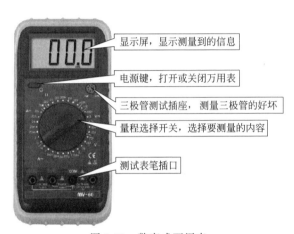

图 1-33 数字式万用表

数字式万用表的使用方法如下。

① 直流电压的测量：将量程开关有黑线的一端拨至"DC-V"范围内的适当量程挡，黑表笔插入"COM"插口，红表笔插入"V·Ω"插口，将电源开关拨至"ON"挡，表笔接触测量点（图 1-34）后，显示屏上便出现测量值。量程开关置于 200mV 挡，显示值以"mV"为单位，其余各挡以"V"为单位。

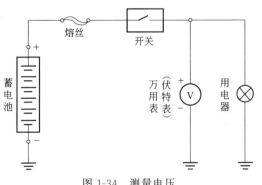

图 1-34 测量电压

② 交流电压的测量：将量程开关拨至 "AC-V" 范围内适当量程挡，表笔接法同上，其测量方法与测量直流电压相同。

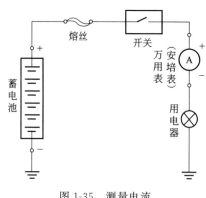

图 1-35　测量电流

③ 直流电流的测量：将量程开关拨至 "DC-A" 范围内的适当量程挡，当被测电流小于 200mA 时，红表笔应插入 "mA" 插口，黑表笔插入 "COM" 插口，接通内电源，把仪表串联接入（图 1-35），即可显示读数。

④ 交流电流的测量：将量程开关拨至 "AC-A" 范围内适当量程挡，红表笔应按量程不同插入 "mA" 或 "10A" 插口，测量方法与直流电流测量方法相同。

⑤ 电阻的测量：将量程开关拨至 "Ω" 范围内的适当量程挡，红表笔插入 "V·Ω" 插口，黑表笔插入 "COM" 插口。然后如图 1-36 所示将万用表的测试笔连接到待测电阻或线圈，测量其电阻值（测量时确保电阻或线圈不带电）。

⑥ 二极管的测量：将量程开关拨至二极管符号挡，红、黑表笔分别插入 "V·Ω" 和 "COM" 插口，将表笔接至二极管两端，并调换表笔再测一次，读数应一次通一次不通，如图 1-37 所示。

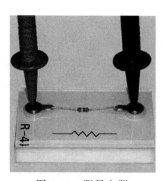

图 1-36　测量电阻

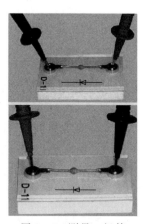

图 1-37　测量二极管

若在一个方向二极管是通的，在交换测试笔之后断开，则说明二极管良好。

若二极管两个方向都通路，则二极管被击穿；两个方向都不通，说明二极管已开路。

⑦ 电路通断的检查：将红表笔插入 "V·Ω" 孔内，量程开关转至标有 "·)))" 的符号处，然后用表笔触及被测量电路，若表内蜂鸣器发出叫声，说明

电路是通的；反之，则不通。

三、电路检测方法

1. 电压检测

此测试检查某一点是否有电压。当检查导线插接器的某一个端子时，可以不分解导线插接器，从导线插接器的背面进行测试。始终要检查插接器的两侧，插接器接触面之间的污垢和侵蚀，可能导致电气故障。

线路电压的检测方法如图1-38所示，操作步骤如下。

① 用试灯或电压表检查电压时，先把测量仪的负极与蓄电池负极连接。

② 再把试灯或电压表的另一端连接到要检测的位置上（插接器或端子）。

③ 如果用试灯检查，试灯亮，表示有电。如果用电压表检查，电压表的显示比规定值小于1V以上，说明电路有故障。

2. 通电测试

① 分离蓄电池负极端子。

② 把自带电源试灯或电阻表的一根引线连接到要检测的部位上，如图1-39所示。使用电阻表时，先把电阻表的两根引线短接，用调零器调零。

③ 把检测仪的另一引线连接到要检测的负载的另一端子上。

④ 自带电源试灯亮，表示导通；使用电阻表时，电阻很小或接近0Ω表示良好的导通状态。

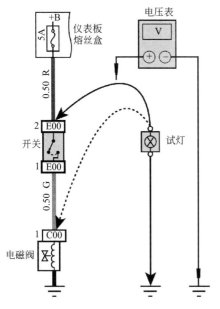

图1-38　电压检测方法

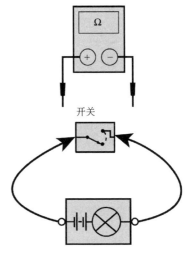

图1-39　通电测试方法

3. 搭铁电路的短路测试

① 断开蓄电池负极导线。

② 把自带电源试灯或电阻表的一根引线连接到熔丝的一个端子上。

③ 把自带电源试灯或电阻表的另一引线搭铁。

④ 如图1-40所示，从接近熔丝盒的线束逐一检查。观察自带电源试灯是否亮或电阻表是否显示，重复这种过程。

⑤ 自带电源试灯亮或电阻表显示，说明这部分到搭铁电路短路。

4. 电压降测试

① 如图1-41所示，连接电压表的正极引线到最靠近蓄电池的导线的末端（或连接到插接器或开关的一侧）。

② 连接负极引线到导线的另一端（或连接到插接器或开关的另一侧）。

③ 接通电路。

④ 电压表显示两点之间电压的差值。0.1V以上的差值（5V电路中为50mV）则表示可能出现故障。检查电路是否松动或插接器是否脏污。

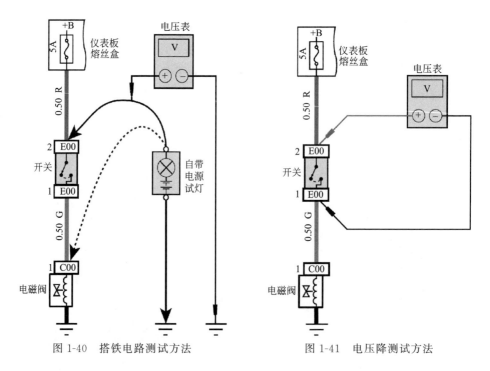

图1-40　搭铁电路测试方法　　　　图1-41　电压降测试方法

四、电路维修设备

1. 5kΩ可变电阻维修工具

可变电阻维修工具（图1-42）可以模拟各电阻型传感器信号，如水温传感器、进气温度传感器等。在检查相关传感器电路时，该工具可以帮助维修人员快速判断元器件的性能。

2. LED 测试灯

双向两色的 LED 灯，在改变正负极时 LED 灯的颜色也会改变。它可以检查霍尔式传感器等 PWM 控制信号。

图 1-42　可变电阻维修工具

3. 探针

测量系统部件时，使用探针不需要破坏线束，可以直接从线束接头的后方插入，减少人为线路故障。

4. 端子修理工具

线束插接器中的个别端子需要维护及修理时，可以使用端子修理工具将端子从线束插接器中分离。接插器端子的具体维修方法如下。

① 取出端子插销，如图 1-43(a) 所示。

② 用线束维修工具拨开导线卡子，如图 1-43(b) 所示。

③ 从后方拔出导线，如图 1-43(c) 所示。

④ 拔出的导线端子可以进行接触卡片的形状修正、脏物清理，如图 1-43(d) 所示。

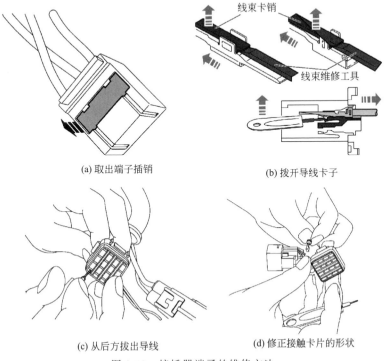

(a) 取出端子插销　　　　(b) 拨开导线卡子

(c) 从后方拔出导线　　　(d) 修正接触卡片的形状

图 1-43　接插器端子的维修方法

五、电路故障排除方法

摩托车电路中发生的故障主要有断路、短路、电气设备的损坏等。为了能迅速、准确地诊断出故障，下面介绍几种常见的电气故障检修方法。

1. 直观诊断法

摩托车电路发生故障时，有时会出现冒烟、火花、异响、焦臭、发热发烫等异常现象。这些现象可通过人的眼、耳、鼻、手感觉到，从而可以直接判断出故障所在部位。

例如：一辆摩托车出现转向灯与转向指示灯均不亮故障，用手一摸，发现闪光器发热烫手，说明闪光器已被烧坏。事后，检测该车的转向灯电路，发现左后转向灯线路有一处与车架有刮擦，出现破皮现象，于是处理好线束并正确固定，故障即排除。

2. 断路法

摩托车电路发生搭铁（短路）故障时，可用断路法判断，即将怀疑有搭铁故障的电路段断路后，根据电气设备中搭铁故障是否还存在，判断电路搭铁的部位和原因。

3. 试灯法

试灯法是利用试灯对电路故障进行诊断的一种方法，其优点是可迅速地判断出电路中的短路、断路故障。试灯法又分为短路检测法和断路检测法两种方法。短路法主要用于检测线路中的断路故障，而断路法则主要用于检测线路中的短路故障。

4. 仪表法

仪表法即通过观察摩托车仪表板上的电压表、水温表、燃油表、机油压力表等的指示情况，来判断电路中有无故障的方法。

例如：燃油表发生故障，接通点火开关时，燃油表指示最低刻度位置，而此时摩托车已加油，这说明燃油油位传感器有故障或传感器信号线路接地短路。

5. 高压试火法

高压试火法即对高压电路进行搭铁试火，观察电火花状况，从而判断点火系统的工作情况的方法。

具体方法是：取下点火线圈或火花塞的高压导线，将其对准火花塞或缸盖等，距离约5mm，然后接通启动开关，转动发动机，看其跳火情况。如果火花强烈，呈天蓝色，且跳火声较大，则表明点火系统工作基本正常；反之，则说明点火系统工作不正常。

6. 换件法

换件法在实际故障诊断中经常采用，即使用一个无故障的元件替换怀疑可能出现故障的元件，观察出现故障系统的工作情况，从而判断故障所在。采用换件法必须注意的是，在换件前要对其线路进行必要的检查，确保线路正常方可使用，否则会造成更大的损失。

7. 仪器法

随着摩托车电气设备的日趋复杂，在维修中，特别是维修装配电子设备较多的车辆，使用一些专用的仪器是十分必要的。

例如：检测发动机的点火、喷油系统时使用示波器，检测发动机电控系统时使用专用故障诊断仪。

第二章

摩托车电气系统

第一节　充电系统

一、充电系统的作用与组成

充电系统是整车电气系统工作的前提，它能为摩托车其他电气分系统提供充足的电能。其功能包括：充电、存电和放电。如图 2-1 所示，它由蓄电池、永磁发电机、调压整流器、点火开关和各路熔丝组成。

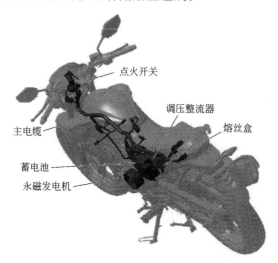

图 2-1　充电系统的组成

二、充电系统的电路原理

充电系统的电路原理如图 2-2 所示。发动机运转时，永磁发电机产生三相交流电，并由调压整流器进行整流、调压，将三相交流电转换成稳定的直流电，向整车的电气设备提供电能，并用多余的电能给蓄电池充电。

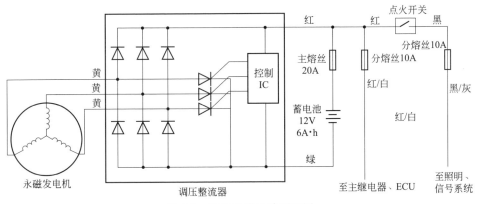

图 2-2　充电系统电路原理图

三、蓄电池

摩托车一般采用 12V 的铅酸蓄电池（图 2-3），其容量通常为 6～10A·h。蓄电池是电气系统的辅助电源，同时还能吸收电路中的过电压。

摩托车蓄电池主要由极板、隔板、电解液、壳体和壳盖组成。两种材料铅（负极）和二氧化铅（正极）浸放在电解液（硫酸溶液）中能产生电压，6 个单格蓄电池串联在一起，电压可达 12～13V。当蓄电池的极板极化时，容量降低，充电性能下降，不能提供启动所需电能，此时需更换蓄电池。

图 2-3　摩托车铅酸蓄电池

四、永磁发电机

永磁发电机是摩托车电气系统的主要电源，其作用是将机械能转变成电能供车辆使用。由于摩托车发电机采用的是永磁飞轮式三相交流发电机，我们通常称其为永磁发电机，其结构如图 2-4 所示。永磁发电机的转子是永磁磁钢，线圈绕组为定子。一个 18 极的永磁发电机，其定子绕组分为三组，每组 6 个线圈，按三相 Y 型连接，每相绕组的直流电阻为 0.5～1.5Ω，分别向外输出相位相差

120°的三相交流电。

　　永磁发电机转子集启动盘（飞轮）和转速信号盘为一体，启动时起动机带动单向离合器转动，单向离合器在啮合启动盘（飞轮）后驱动曲轴旋转，同时转速传感器（脉冲发生器）从转速信号盘采样曲轴转速，从而达到启动发动机的目的。发动机启动成功后，曲轴带动转子旋转，定子绕组线圈切割磁力线产生感应电动势，输出三相交流电。

五、调压整流器

　　调压整流器（图2-5）的作用是通过全波整流和可控稳压充电电路，将永磁发电机输出的随转速波动的三相交流电转换成稳定的直流电，向负载提供电能，并对蓄电池充电。

图 2-4　永磁发电机

图 2-5　调压整流器

　　摩托车调压器根据其工作方式可分为三相全波调压整流器、单相全波调压整流器和单相半波交直流调压器。采用三相全波调压整流器的永磁发电机输出功率大、负载能力强、输出电压平稳，因而被广泛使用。

　　三相全波调压整流器的工作原理如图2-6所示。当发动机转速较低时，永磁发电机输出的电压较低，控制电路无输出信号，晶闸管因为无触发信号处于截止状态，永磁发电机发出的交流电经六只二极管桥式整流后变为直流电，直接为蓄电池和摩托车电器供电。

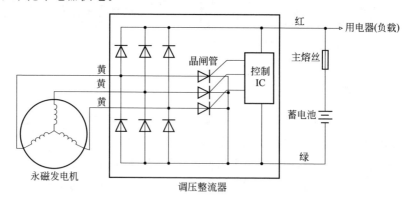
图 2-6　三相全波调压整流器的工作原理

随着发动机转速的升高，永磁发电机的输出电压迅速上升，调压器的输出电压也随之升高，当其超过设定值时（14.5V 左右），调压器内部的控制电路输出一个控制信号到晶闸管的触发极，使晶闸管触发导通，让永磁发电机输出的过高的电压直接通过晶闸管短路，使调压器的输出电压降低，自动地调整输出电压的变化，使三相永磁发电机向蓄电池充电的电压稳定在一定的范围内。

第二节　启动系统

一、启动系统的作用与组成

发动机初始工作时，需要借助外力作用，先让它转动起来，才能进入点火供油程序，发动机机才能循环燃烧，进而自行运转。电启动系统的作用就是通过接通启动控制电路，使蓄电池向起动机供电，从而带动发动机运转。

如图 2-7 所示，启动系统由蓄电池、点火开关、启动按钮、启动继电器、起动机和一些启动控制开关（如制动灯开关、离合器开关或空挡开关、边撑开关）等组成。

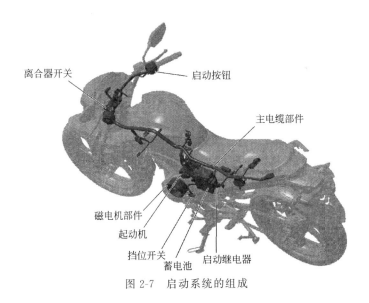

图 2-7　启动系统的组成

二、跨骑摩托车启动系统的电路原理

跨骑摩托车启动系统的电路原理如图 2-8 所示。这种类型的启动控制系统由以下零部件组成：起动机；永磁发电机部件、启动继电器、蓄电池、点火开关、熄火开关、启动按钮、离合器开关和空挡开关。

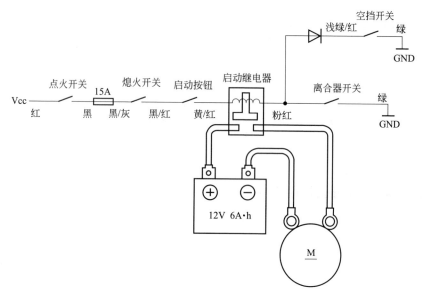

图 2-8　跨骑摩托车启动系统电路原理

　　要启动车辆时，首先打开点火开关、熄火开关，握紧离合器手柄（空挡时可不握离合器手柄），然后按下启动按钮，接通启动继电器。起动机转动，带动启动单向器、永磁发电机转子和曲轴，使发动机进入工作循环，正常点火喷油燃烧。

三、踏板摩托车启动系统的电路原理

　　踏板摩托车的启动系统的电路原理如图 2-9 所示。

　　踏板摩托车的启动系统主要由蓄电池、启动继电器、点火开关、启动按钮、制动灯开关等组成。制动灯开关安装在制动手柄固定座上，当握紧制动手柄时，制动灯开关是接通的；当放开制动手柄时，制动灯开关是断开的。打开点火开关至 ON 位置，握紧制动手柄时，按下启动按钮，电流由蓄电池正极依次经点火开关、制动灯开关、启动继电器线圈、启动按钮直至搭铁构成回路。这样启动继电器线圈有电流通过，并产生磁力使启动继电器触点闭合，将蓄电池与起动机电路接通。这时起动机运转，带动曲轴旋转，从而启动发动机。发动机启动后，松开启动按钮，切断启动继电器的电流，磁力消失，触点回位断开，又切断起动机的电流，起动机停止工作。

　　这种电启动控制电路必须握紧前制动手柄或后制动手柄（此时制动器产生制动），再按下启动按钮，起动机才能工作。这样可防止启动瞬间因操作不慎而使车辆向前冲，引发安全事故。此类电启动控制系统广泛应用在踏板摩托车上。

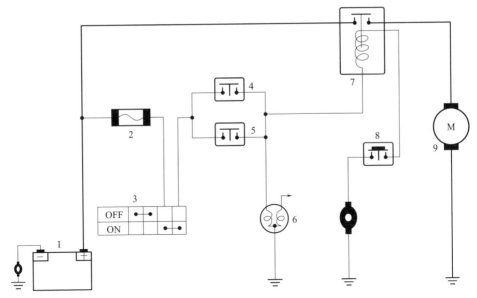

图 2-9　踏板摩托车启动系统电路原理

1—蓄电池；2—熔丝；3—点火开关；4—前制动灯开关；5—后制动灯开关；

6—制动灯/尾灯；7—启动继电器；8—启动按钮；9—起动机

四、起动机

起动机是一种将电能转变为机械能的机器，它是根据载流导体在磁场内受电磁力作用而产生转矩的原理制成的，实际上是一个直流电动机。如图 2-10 所示，起动机通常安装在发动机的曲轴箱上，其主要作用是产生转矩，通过减速机构、启动离合器带动曲轴转动，达到启动发动机的目的。

起动机根据其内磁场形成方式的不同分为励磁式和永磁式两种。由于永磁式直流电机体积小，低速时转矩很大，因此现在摩托车上广泛采用永磁式直流起动机（图 2-11）。

图 2-10　起动机的安装位置

图 2-11　永磁式直流起动机实物

永磁式直流起动机的结构如图 2-12 所示，它主要由电枢、磁极、电刷、电刷架、壳体、端盖等组成。给起动机正负极通电后，电枢绕组有电流通过会产生旋转磁场，旋转磁场与固定在机壳上的永磁铁产生的固定磁场方向相反，从而产生反向作用力推动电枢转动，电机轴旋转，通过减速齿轮、单向器、曲轴，带动发动机初始运转。

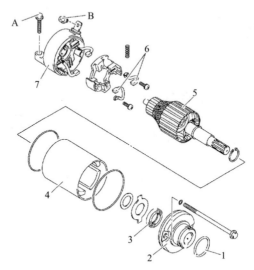

图 2-12　永磁式直流起动机结构

1—O 型环；2—前端盖总成；3—油封；4—壳体与磁极；5—电枢；6—电刷；

7—后端盖总成；A—起动机安装螺栓；B—起动机导线螺栓

五、启动继电器

摩托车启动继电器的结构如图 2-13 所示。它一般由电磁铁（包括线圈、铁芯）、触点（包括动触点、静触点）、回位弹簧、外壳和接线端子等组成。

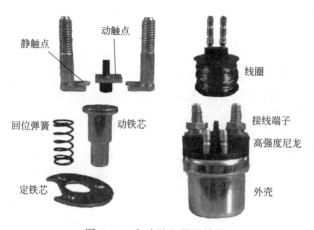

图 2-13　启动继电器的结构

　　启动继电器的作用是用通过启动开关、继电器线圈的小电流来控制通过起动机、继电器触点的大电流。启动继电器的工作原理如图 2-14 所示。接通继电器控制电路，给线圈两端加上蓄电池电压，线圈将通过铁芯产生电磁力，吸合动触点与静触点，从而接通起动机的工作电路。

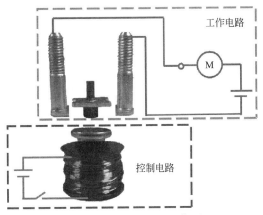

图 2-14　启动继电器的工作原理

　　启动继电器的常见故障有以下几种：

① 线圈或接线片开路，触点不能吸合；

② 线圈短路，触点不能吸合；

③ 触点锈蚀或烧蚀，即使吸合也不能接通；

④ 电流过大将触点粘在一起不能断开。

第三节　点火系统

一、点火系统的作用与组成

　　由于摩托车的发动机通常是单缸、双缸或多缸汽油发动机，因此，摩托车点火系统的作用是按照发动机的不同工况要求，在正确的时刻将蓄电池或永磁发电机输出的低压电转变为点火用的高压电，通过高压线送到火花塞，在火花塞电极间产生电火花，点燃气缸内的可燃混合气，从而使发动机运转做功。

　　点火系统按电源的不同可分为永磁发电机点火系统和蓄电池点火系统；按点火形式的不同可分为有触点式点火系统和无触点式点火系统；按点火原理的不同还可分为电容放电式点火系统、电感放电式点火系统、数字控制式点火系统等。

　　有触点式点火系统的断电器触点易损坏，触点间隙易发生变化导致点火时间不精确，故逐渐被无触点式点火系统所取代。目前，在摩托车上普遍应用的点火系统的种类有电容放电式无触点永磁发电机点火系统、电容放电式无触点蓄电池点火系统、晶体管式无触点蓄电池点火系统、数字控制式无触点蓄电池点火系统等。

如图 2-15 所示，点火系统主要由电源（永磁发电机）、点火开关、CDI 点火器、点火线圈和火花塞等组成。

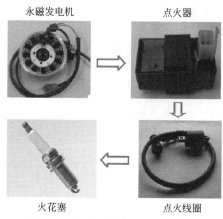

图 2-15 点火系统的重要组成部件

永磁发电机：提供发动机曲轴位置信息和点火能量（对于交流点火器）。

点火器：暂时存储点火能量，在适当的时候向点火线圈输出点火能量。

点火线圈：将点火器输出电压转换为高压，传输点火能量。

火花塞：使高压电在火花塞电极间跳火，产生电火花，点燃气缸内的可燃混合气。

永磁发电机线圈和永磁发电机转子的结构如图 2-16 所示。在以永磁发电机为电源的 CDI 点火系统中，充电线圈作为点火电容充电电源的线圈，照明线圈作为照明及蓄电池充电电源的线圈。永磁发电机转子每旋转一周，飞轮凸起与触

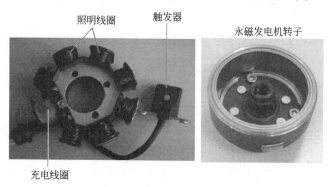

图 2-16 永磁发电机线圈与永磁发电机转子

发线圈产生的感应脉冲适时地将点火器晶闸管触发导通，使点火器给点火线圈的初级绕组放电，而点火线圈的次级绕组感应出高电压对火花塞放电，点火一次。

永磁发电机电容放电式无触点（CDI）点火系统线路如图 2-17 所示。

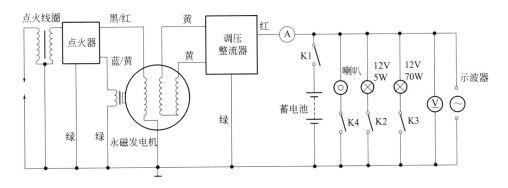

图 2-17　带 CDI 部分的点火系统线路图

二、CDI 点火系统

在摩托车大规模采用电控点火系统前，大多数摩托车采用的是电容放电式无触点（CDI）点火系统。这种点火系统具有点火电压高、火花塞点火能量大、点火正时准确，且能随发动机转速自动改变点火提前角、工作稳定等优点。根据点火电源的不同，CDI 点火系统又分为电容放电式无触点永磁发电机点火系统、电容放电式无触点蓄电池点火系统。

1. 电容放电式无触点永磁发电机点火系统

电容放电式无触点永磁发电机点火系统的基本结构及电路如图 2-18 所示，它主要由点火电源线圈、触发线圈、CDI 点火装置、点火线圈、火花塞等组成。其工作原理是：当打开点火开关时，启动发动机，在永磁发电机飞轮上的触发磁铁未转至与触发线圈的铁芯对准之前，CDI 点火装置内的晶闸管处于截止状态，永磁发电机的充电线圈产生的交流电经 CDI 点火装置内的二极管整流后向电容器充电；当永磁发电机飞轮随着发动机曲轴旋转到了点火时刻，飞轮上的触发磁铁对准触发线圈的铁芯时，触发线圈的磁场发生突变而产生感应电流，感应电流经触发电路后，被转换成晶闸管的控制信号，使晶闸管导通，充了电的电容器迅速向点火线圈的初级线圈放电，与此同时，点火线圈的次级线圈感应出高压电，通过高压线送至火花塞产生电火花，点燃发动机气缸内的可燃混合气。

当永磁发电机飞轮上的触发磁铁转过触发线圈后，触发线圈中的感应电流消失，晶闸管又处于截止状态，点火电源线圈产生的交流电又向电容器进行充电，为下一次的点火做准备。

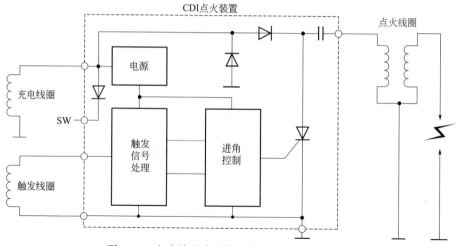

图 2-18　电容放电式无触点永磁发电机点火系统

2. 电容放电式无触点蓄电池点火系统

电容放电式无触点蓄电池点火系统的基本结构及电路如图 2-19 所示，它主要由蓄电池、触发线圈、CDI 点火装置、点火线圈、火花塞等组成。其工作原理是：当接通点火开关时，蓄电池便向 CDI 点火装置供电，经升压、振荡电路将蓄电池电压升高后向电容器充电；当永磁发电机飞轮随着发动机曲轴旋转，到了点火时刻，飞轮上的触发磁铁对准触发线圈的铁芯时，触发线圈中的磁场发生突变而产生感应电流，感应电流经触发电路后，被转换成晶闸管的控制信号输向晶闸管的控制极上，使晶闸管导通，充了电的电容器迅速向点火线圈的初级线圈放电，与此同时，点火线圈的次级线圈感应出高压电，通过高压线送至火花塞产生电火花，点燃发动机气缸内的可燃混合气。

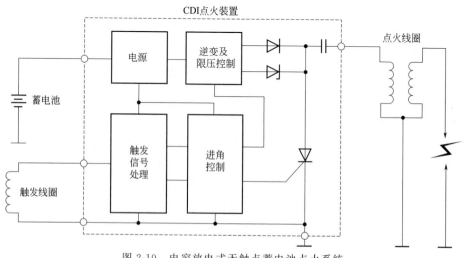

图 2-19　电容放电式无触点蓄电池点火系统

当永磁发电机飞轮上的触发磁铁转过触发线圈后，触发线圈中的感应电流消失，晶闸管又处于截止状态，蓄电池又向电容器进行充电，为下一次的点火做准备。当断开点火开关时，蓄电池不能向 CDI 点火装置供电，电容器充不了电，火花塞不能产生电火花，发动机熄火。

三、电控点火系统

电控点火系统的结构如图 2-20 所示。电控点火系统将蓄电池供给的低压电转换为高压电，并按照既定的点火正时顺序，适时准确地配备给各缸火花塞，在火花塞间隙处产生电火花，点燃气缸内的可燃混合气，推动活塞做功，使发动机正常运转。电控点火系统能精确控制点火时刻。

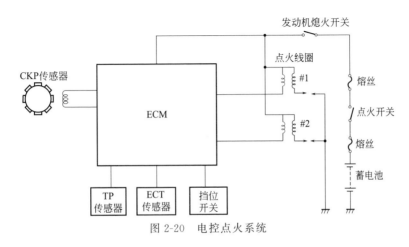

图 2-20　电控点火系统

点火正时是由发动机控制单元（ECU）控制的，发动机运行情况的点火正时数据被编程存储在 ECU 中。发动机的运行情况（速度、负荷、暖机状态等）由各类传感器检测，这些传感器包括曲轴位置传感器、进气压力温度传感器和冷却液温度传感器。基于这些感应信号和被存储在 ECU 中的数据，切断初级电流的信号被发送至功率晶体管，点火线圈被激活，点火正时被控制在最佳点上。

发动机 ECU 主要根据曲轴位置传感器信号来确定点火时刻，然后根据其他传感器如节气门位置（TP）传感器、发动机冷却液温度（ECT）传感器等的参数来调整点火提前角，以实现精确点火。

点火线圈基于电磁感应的原理，通过接收 ECU 的指令，关断和打开点火线圈的初级电流回路。通过初级线圈绕组的电流，在铁芯中产生磁场，作为磁能储存。当初级线圈绕组电流突然被切断（通过功率晶体管断开电路接地端）时，磁场衰减，磁能释放，使次级线圈绕组产生感应电动势。该感应电动势通过火花塞放电，点燃气缸中的空气和燃油混合气，使发动机工作。

第四节　照明与信号系统

一、照明与信号系统的作用与组成

照明与信号系统是车辆安全行驶的重要保证，它主要提供夜间照明和信号灯控制。照明与信号系统的组成如图 2-21 所示，系统线路如图 2-22 所示。

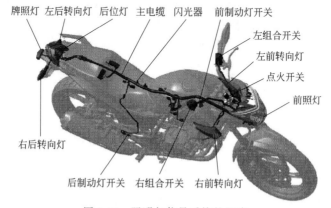

图 2-21　照明与信号系统的组成

1. 照明系统的作用与组成

照明系统的作用是给车辆夜间行驶时提供照明灯光，它主要由前照灯、前小灯、尾灯、仪表照明灯、远光指示灯、照明开关、变光开关等组成。照明系统按供电形式的不同，可分为交流供电照明系统和直流供电照明系统两种。

交流供电照明系统的照明设备使用的是由永磁发电机照明线圈输出经整流调节器稳压调节后，直接供给的交流电。照明灯光亮度的强弱是随着发动机转速变化而变化的：发动机转速低时，永磁发电机输出电压低，照明灯光较暗淡；发动机中高速运转时，永磁发电机输出电压高，照明灯光较亮。

直流供电照明系统的照明设备是由蓄电池直接供给直流电。夜间行驶时，电流由蓄电池输出经点火开关、照明开关，向照明系统各用电设备供电。当打开点火开关至"ON"位置，且照明开关扳至小灯挡位置时，点亮前小灯、尾灯、仪表照明灯；当照明开关扳至大灯挡位置时，除了前小灯、尾灯、仪表照明灯等会亮外，还通过变光开关接通前照灯，使前照灯发亮。将变光开关拨至"Hi"位置，前照灯的远光灯灯丝和远光指示灯会亮；将变光开关拨至"Lo"位置，前照灯的近光灯灯丝会亮。当在白天行驶时，关闭照明开关，蓄电池输出电压断开，照明灯不亮。

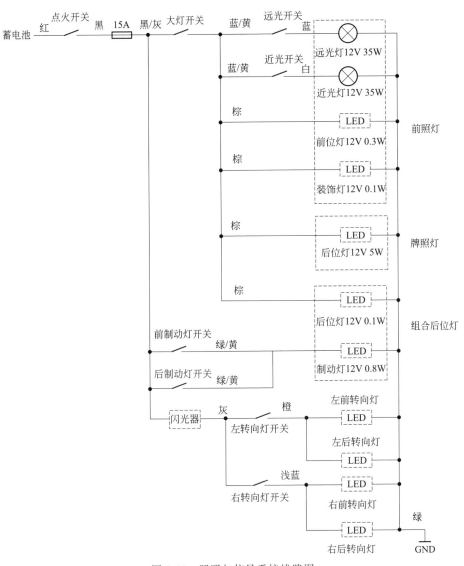

图 2-22　照明与信号系统线路图

由于直流照明系统的照明灯光较稳定、亮度大，不受发动机转速的制约，因此被现在的摩托车广泛采用。

2. 信号系统的作用与组成

信号系统的作用是发出各种声、光信号，指示车辆的行驶状态，提醒来往车辆及行人注意，确保车辆的行驶安全。它是由转向灯、闪光器、电喇叭、制动灯、转向指示灯、空挡指示灯等信号设备和转向灯开关、喇叭按钮、制动灯开关、空挡开关等信号控制开关组成。

当把点火开关置于"ON"位置时，蓄电池便向信号系统各用电设备供电。

当变速器置于空挡位置时，空挡开关接通，空挡指示灯发亮；变换挡位时，换挡凸轮轴会旋转一定角度，换挡凸轮轴上的挡位开关触头（或触片）与挡位开关的触点相接触，与之对应的是挡位指示灯发亮，显示出挡位数字。当按下喇叭按钮时，电喇叭会响。转向灯的闪烁由开关和闪光器控制，当转向灯开关扳向"L"时，左边前、后转向灯及左转向指示灯闪烁；当转向灯开关扳向"R"时，右边前、后转向灯及右转向指示灯闪烁；当握紧制动握把或踏下制动踏板时，制动灯开关接通，制动灯会亮。

二、系统主要部件介绍

1. 控制开关

摩托车照明与信号系统的控制开关主要是车把上的左组合开关和右组合开关，其外观如图 2-23 所示，控制开关如图 2-24 所示。

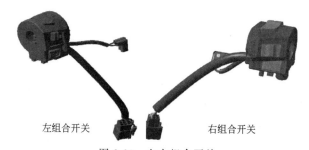

左组合开关　　　　　　　　右组合开关

图 2-23　左右组合开关

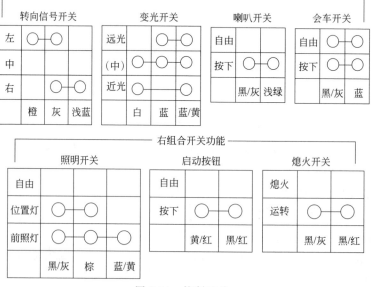

图 2-24　控制开关

左组合开关又称为左车把开关，通常集成了转向灯开关、变光开关、喇叭开关和会车开关（超车灯开关）等。右组合开关包括照明开关、启动按钮和熄火开关等。

2. 前照灯

前照灯也称前大灯或大灯，用于夜间行驶时照亮摩托车前方的道路，使驾驶员看清前方一定距离内的路况，以保证行驶安全。其外形如图 2-25 所示，它主要由前照灯灯泡、灯座、反射镜、散光罩、灯壳等组成。前照灯灯泡一般装有远光灯灯丝和近光灯灯丝，远光灯灯丝位于前照灯反射镜抛物面的焦点上，光线经反射镜反射后成为平行光束，再通过散光罩散射，能均匀照亮前方 100m 内的路面；近光灯灯丝位于焦点的前上方，光线经反射后能照亮前方 30m 内的路面，因灯丝下方配有遮光片，可使光线不眩目。调节螺钉可实现前照灯灯光上下角度的调节：顺时针旋转调节螺钉调整光线上移，反之下移。

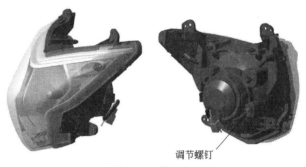

调节螺钉

图 2-25　前照灯

3. 尾灯/制动灯

尾灯（图 2-26）用来在夜间行驶时，向后方显示该车在道路上的位置，以提醒和警示后面的车辆保持安全行驶距离。尾灯通常和制动灯组装在一起，并采用一个双丝灯泡，其中功率较小的灯丝作为尾灯，功率大的灯丝作为制动灯。尾灯主要由灯罩、灯罩座、灯壳、灯泡、灯座等组成。尾灯通常采用非常醒目的红色灯罩。

图 2-26　摩托车尾灯

4. 转向灯和闪光器

转向灯和闪光器的外观如图 2-27 所示，LED 转向灯的光源采用琥珀色 LED。转向灯可分为前转向灯和后转向灯，前转向灯又可分为前左转向灯和前右转向灯；后转向灯又可分为后左转向灯和后右转向灯。它们分别安装在车身的前后两侧，分别与闪光器串联，由转向灯开关控制转向灯工作。

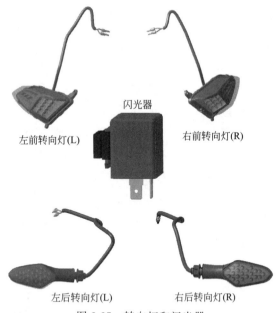

左前转向灯(L)　　闪光器　　右前转向灯(R)

左后转向灯(L)　　　右后转向灯(R)

图 2-27　转向灯和闪光器

　　电子式闪光器是通过一块 IC 芯片控制大功率场效应管的通断，输出一定频率的电压，使转向灯闪烁点亮，同时继电器敲击外壳发出警告声（如"嗒、嗒、嗒"）。转向灯功率明显不足时，闪频明显加快。摩托车的闪光器有两个端子，一个端子接点火开关电源，另一个端子接转向灯开关的输入端。

5. 制动灯开关

　　制动灯开关用来控制摩托车制动灯电路的通、断，分为前制动灯开关和后制动灯开关，其外形如图 2-28 所示。

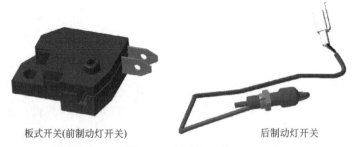

板式开关(前制动灯开关)　　　　后制动灯开关

图 2-28　制动灯开关

　　制动时握紧制动握把或踩下制动踏板，触点在弹簧弹力的作用下与导电弹片接触，从而接通电路，制动灯亮。松开制动握把或制动踏板，触点离开导电弹片，电路断开，制动灯熄灭。否则说明制动灯开关内部触点接触不良或损坏，应更换制动灯开关。

三、常见故障

照明与信号系统使用频繁，其常见故障及解决方法如表 2-1 所示。

表 2-1　照明与信号系统常见故障诊断表

故障现象	可能的故障原因	解决方法
前照灯不能点亮； 远光灯不能点亮； 近光灯不能点亮； 都不能点亮	①蓄电池电压过低； ②对应熔丝未接通或烧断； ③对应开关失效； ④灯泡失效； ⑤线路上接插不良； ⑥主电缆相关线路断路	①给蓄电池充电； ②接通熔丝或更换； ③修复或更换开关； ④更换灯泡； ⑤重新插接； ⑥修复或更换主电缆
前照灯不能可靠点亮	熔丝、灯泡或线路接触不良	重新连接接触不良的地方
前照灯光照度偏低	①蓄电池电压过低； ②线路、开关接触压降过大； ③前照灯灯体失效	①给蓄电池充电； ②进行线路、开关修复或更换； ③更换前照灯
位置灯不亮； 尾灯不亮； 都不能点亮	①对应熔丝未接通或烧断； ②灯泡失效或对应的开关失效； ③线路上接插不良； ④主电缆相关线路断路	①接通熔丝或更换； ②更换灯泡或对应的开关； ③重新插接； ④修复或更换主电缆
转向灯不能点亮； 都不能点亮	①蓄电池电压过低； ②对应熔丝未接通或烧断； ③左转向灯开关失效； ④右转向灯开关失效； ⑤闪光器失效； ⑥灯泡失效； ⑦线路上接插不良； ⑧主电缆相关线路断路	①给蓄电池充电； ②接通熔丝或更换； ③修复或更换左转向灯开关； ④修复或更换右转向灯开关； ⑤更换闪光器； ⑥更换灯泡； ⑦重新接插； ⑧修复或更换主电缆
制动灯不能点亮	①对应熔丝未接通或烧断； ②制动开关失效； ③灯泡失效； ④线路故障	①接通熔丝或更换； ②更换制动开关； ③更换灯泡； ④检查修复

第五节　信息显示系统

一、信息显示系统的作用与组成

信息显示系统将整车静态和动态的信息通过仪表盘显示出来，提供给驾驶员，指导驾驶员进行安全操作。整车信息包括车速、发动机转速、燃油油位、挡位、转向指示、累计/小计行驶里程/时间、时钟、发动机故障码等。如图 2-29

所示，信息显示系统的组成部件有组合仪表、车速传感器、燃油传感器、挡位开关、ECU 等。

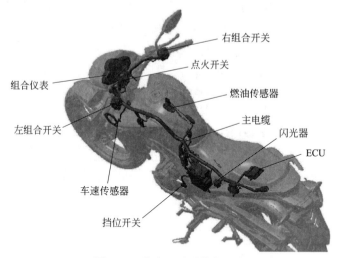

图 2-29　信息显示系统的组成

组合仪表有机械式和电子式两种，全电子式仪表输入的全是电子信号（包括数字信号和模拟信号），通过电路处理，全部转换为数字信号，经 CPU 控制输出，驱动步进电机指针、LCD 和 LED，显示各项信息。仪表显示内容有车速、发动机转速、转向指示、挡位指示、油位报警指示、时钟显示、油位显示、累计里程显示、小计里程显示、EMS 故障代码显示、白色背光源等。隆鑫无极 500DS 摩托车的电子仪表如图 2-30 所示。

信息显示系统的电路如图 2-31 所示。车速传感器是一种霍尔传感器，并含有一个永磁铁芯。信号盘每旋转一周，传感器输出 6 个脉冲给仪表。仪表根据脉冲的频率计算出车速，并在车速表上显示。燃油传感器包括浮子、浮杆、接触片、厚膜电路板、引出线等。接触片和厚膜电路板组成一个可变电阻，浮子高度随着油位变化，带动浮杆旋转，可变电阻抽头位置跟着变化，输出对应的电阻值。

二、挡位开关

在跨骑式摩托车的变速箱上，通常安装有挡位开关，它通过仪表显示挡位或点亮空挡指示灯。

挡位开关的外形和工作原理如图 2-32 所示。变速鼓旋转时，带动凸包旋转，挡位开关动触头在弹簧力的作用下与变速鼓上的凸包端面压紧接触。挡位开关按变速鼓挡位对应的位置依次布置了 6 个挡位开关，1 挡到 6 挡开关按 60°的间隔均匀分布，空挡开关与 1 挡开关位置夹角为 30°。变速鼓旋转到哪个挡位，对应的挡位开关上电极接地导通。

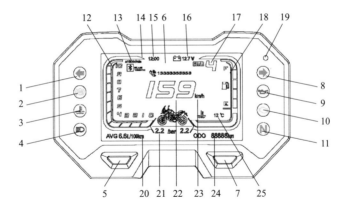

图 2-30　隆鑫无极 500DS 电子仪表

1—左转向指示灯；2—ABS 故障报警灯；3—冷却液温度报警灯；4—远光指示灯；5—RESET 键；
6—TFT 显示屏；7—MODE 键；8—右转向指示灯；9—机油压力报警灯；10—电喷故障报警灯；
11—空挡指示灯；12—转速；13—转速单位；14—蓝牙连接；15—时间；16—蓄电池电压；
17—行进挡位；18—燃油量；19—光线感应器；20—百公里油耗；21—胎压显示；22—车速；
23—车速单位；24—累计行驶里程；25—冷却液温度显示

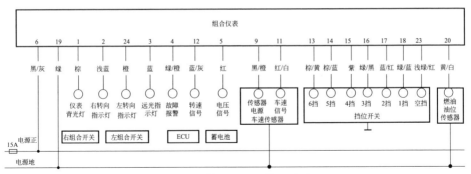

图 2-31　信息显示系统电路图

图 2-32　挡位开关的外形和工作原理

三、常见故障

信息显示系统的常见故障及解决方法如表 2-2 所示。

表 2-2　信息显示系统常见故障诊断表

故障现象	可能的故障原因	解决方法
车速指示故障： 车速指针不转； 指示车速偏差大	①车速传感器与信号盘间距过大； ②车速传感器失效； ③仪表失效； ④线路接插不良、断路或短路	①减小间距至 1.5mm 内； ②更换车速传感器； ③更换仪表； ④重新接插或修复
有车速无里程增加指示	仪表失效	更换仪表
发动机转速指示故障	①线路接插不良或断路； ②仪表失效； ③ECU 失效	①重新接插或修复； ②更换仪表； ③更换 ECU
油位指示故障： 有油无指示； 无油有指示	①燃油传感器失效或浮子被卡住； ②仪表失效； ③线路接插不良、断路或短路	①更换燃油传感器； ②更换仪表； ③重新接插或修复
挡位指示故障： 无挡位指示； 挡位指示错误	①动触头弹簧失效； ②动触头或挡位开关触点磨损； ③挡位开关失效； ④仪表失效； ⑤线路接插不良、断路或短路	①更换弹簧； ②更换动触头或挡位开关； ③更换挡位开关； ④更换仪表； ⑤重新接插或修复
仪表背光源不能点亮	①线路接插不良或断路； ②仪表失效	①重新接插或修复； ②更换仪表
仪表与 ECU 不能通信	①线路接插不良或断路； ②仪表失效； ③ECU 失效	①重新接插或修复； ②更换仪表； ③更换 ECU
转向指示灯不能点亮	①线路接插不良或断路； ②仪表失效	①重新接插或修复； ②更换仪表
时钟显示故障： 无显示、不能调节或误差大	仪表失效	更换仪表

第六节　发动机电控系统

一、发动机电控系统的作用与组成

在摩托车实施"国四"排放标准之前，大多数摩托车采用的是化油器供油系统。化油器供油系统是一个机械式汽油喷射装置，主要依靠进气道内的负压（真空度）来进行工作。化油器用机械方式实现给发动机供油，其供油量与转速或油门开度的关系只能是线性关系，无法保证发动机在各工况下都能达到理想的空燃比，也无法满足日益严格的排放标准。而发动机电控系统是主动工作的，它通过ECU采集发动机传感器信号，对其进行计算和分析，精确控制发动机的喷油与点火。

发动机电控系统又叫发动机管理系统（EMS），电控系统的结构如图2-33所示。这是一种闭环式电喷系统，通过精确控制喷油量，能有效地控制混合气空燃比，使发动机在各种工况下空燃比达到最佳值，从而实现提高功率，降低油耗，减少排气污染，提高驾驶性能、低温启动性能和怠速性能。闭环式电喷系统的控制包括：燃油定量控制、点火正时控制、点火闭合角控制等。

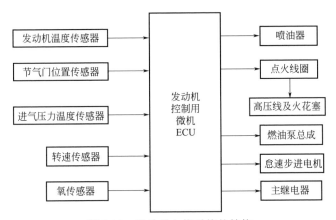

图 2-33　发动机电控系统的结构

隆鑫无极300R摩托车电控系统的组成如图2-34所示。发动机电控系统通常由电控单元（ECU）、传感器和执行器三大部分组成。ECU是发动机控制系统的核心部件，它是通过发动机管理系统所配置的若干数量的传感器获取发动机或整车实际工作状态的各种信息。ECU根据系统事先标定和存储的数据驱动系统配置的执行器，来执行发动机运行工况的优化和控制任务。

电控系统主要的输入信号传感器包括：进气压力传感器（MAP）、进气温度传感器（MAT）、冷却液温度传感器（CT）、氧传感器（O_2）和曲轴位置传感器（CKPS）等。ECU通过系统所配备的执行器实现对发动机的控制。系统所配备的执行器主要包括喷油器（INJ）、点火线圈（IGN）、电动燃油泵和怠速空气控制阀（IACV）等。

发动机工作时，进气压力传感器检测进入气缸的进气量信号，曲轴位置传感器检测发动机曲轴的转速、位置信号，节气门位置传感器检测驾驶员操作的节气门开度信号，将这三个信号作为计算确定燃油喷射量的主要信息输入ECU，再由ECU计算确定基本喷油量。与此同时，ECU还要根据冷却液温度传感器、进气温度传感器和氧传感器等输入的信号计算确定辅助喷油量，用以

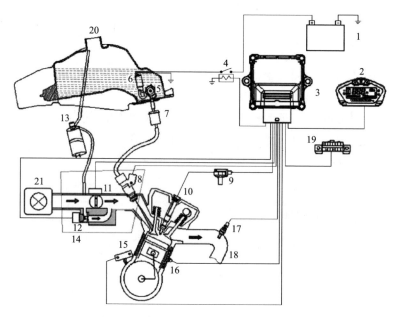

图 2-34　隆鑫无极 300R 摩托车电控系统

1—蓄电池；2—仪表；3—电子控制单元（ECU）；4—燃油泵继电器；5—油压调节器；6—燃油泵；
7—燃油滤清器；8—喷油器；9—点火线圈；10—火花塞；11—节气门位置传感器；12—怠速控制器；
13—炭罐；14—节气门体总成；15—发动机转速传感器；16—冷却液温度传感器；17—氧传感器；
18—消声器；19—诊断接口；20—油箱；21—空气滤清器

对基本喷油量进行必要的修正，最终确定实际喷油量。当实际喷油量确定后，
ECU 再根据曲轴位置传感器输入的曲轴转速和位置信号确定最佳喷油时刻和
最佳点火时刻，并向执行器发出控制指令，控制喷油器、点火线圈等动作，实
现相应的控制功能。

二、传感器

1. 进气温度压力传感器

进气温度压力传感器将进气歧管绝对压力传感器的功能和进气温度传感器的
功能集成在一个整体中。

进气歧管绝对压力传感器由压力转换元件，以及把转换元件输出信号进行放
大的信号调理电路组成。压力转换元件的一侧是真空室，另一侧导入进气歧管压
力，所以进气歧管内绝对压力较高，膜片的变形量大，其变形量与压力成正比。
附着在弹性膜片上的应变电阻的阻值则产生与其变形量成正比的变化。利用这种
原理，可以把进气歧管内压力的变化转换成电信号。ECU 通过此传感器检测进
入发动机内的空气量，进而控制喷油脉宽。

　　进气温度传感器是一个负温度系数（NTC）的电阻，随着进气温度的升高电阻值降低。该传感器用来检测进气温度。根据从传感器发来的进气温度信号，ECM 提供所需的燃油喷射量修正控制。

2. 节气门位置传感器

　　如图 2-35 所示，节气门位置传感器安装在节气门体上，它是一个具有线性输出的角度传感器，其实质是一个角位移滑动变阻器，它由一个圆弧形的滑触电阻和一个滑触臂组成。滑触臂的转轴跟节气门轴连接在同一个轴线上。滑触电阻的两端加上 5V 的参考电压。当节气门转动时，滑触臂跟着转动，同时在滑触电阻上移动，并且将触点的电位作为输出电压引出，这样即可将节气门的开度信号转变为电压信号。ECU 通过节气门开度信号控制发动机的加速、减速，节气门开度大时增加喷油量，反之，减少喷油量。

　　提示：很多小排量电喷摩托车采用了一种三合一传感器，该传感器包括节气门位置传感器、进气压力传感器、进气温度传感器。摩托车发动机体积小，在节气门阀的基础上用三种传感器组合为一体，便于安装和使用。

3. 发动机转速传感器

　　发动机转速传感器（图 2-36）用来采集发动机的转速、曲轴位置信息，并将检测到的信号及时送至发动机电控单元，用以控制点火时刻和喷油正时。

图 2-35　节气门位置传感器　　　　图 2-36　发动机转速传感器

　　按传感器产生信号的原理，曲轴位置传感器可分为磁感应式、光电式和霍尔式三种。

　　磁感应式曲轴位置传感器利用旋转切割磁力线产生交变电流、电压信号，ECU 采用该交变信号经过整形，将该信号变为发动机 ECU 能识别的数字信号，用于发动机的系统控制。飞轮齿圈和信号轮安装在一起，信号轮为 ECU 提供转速、转角、上止点信号。

4. 发动机温度传感器

　　发动机温度传感器是一个负温度系数（NTC）的热敏电阻，利用热敏电阻的温度敏感特性将气缸体温度的变化转换为热敏电阻阻值的变化，并通过分压电路转换成电压信号输出给 ECU。热敏电阻的电阻值随着冷却液温度上升而减小，但不是线性关系。ECU 检测气缸温度信号，并将其作为燃油喷射控制和点火控制的修正信号。

发动机温度传感器的外形和端子如图 2-37 所示。

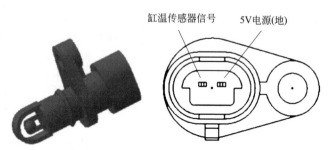

缸温传感器信号   5V电源(地)

图 2-37   发动机温度传感器的外形和端子

5. 氧传感器

氧传感器安装在排气管上，用于检测发动机废气中的氧浓度，以获得喷入发动机气缸中的燃油在吸入的空气中完全燃烧后氧是否过剩的信息。ECU 利用这一信息可以进行燃油定量的循环控制，使得发动机排气中三种主要的有毒成分，即碳氢化合物（HC）、一氧化碳（CO）和氮氧化物（NO_x），都能在三元催化转化器中得到最大程度的转化和净化。

三、执行器

1. 燃油泵

燃油泵的作用是把汽油从燃油箱中抽取出来，经燃油滤清器过滤后输送到压力调节器，再送往发动机燃油导轨，并保持一定压力。燃油余量传感器则是通过浮子随油面的摆动来检测燃油箱中剩余的燃油量，然后将电压信号发送给摩托车仪表。

燃油泵集成了燃油泵电机、油泵支架、粗滤器、油压调节器等，安装在燃油箱内。燃油泵电机工作时，燃油经油泵到粗滤器进行过滤，再由油压调节器调节到一定压力后输出到外部油管，最后到喷油器。燃油压力恒定设置为 250kPa。

燃油泵的控制电路如图 2-38 所示。

2. 喷油器

喷油器根据发动机 ECU 发出的喷油脉冲信号，适时适量地向发动机气缸喷射燃油。喷油器喷射的雾状燃油与空气混合后形成混合气，被送到气缸参与燃烧。

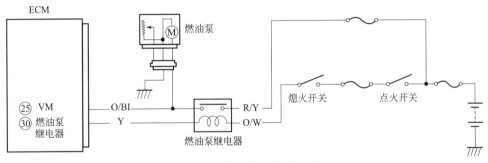

图 2-38　燃油泵控制电路图

　　喷油器的内部设计有环绕铁芯的电磁线圈，电磁线圈所引出的两个电极即为喷油器的输入控制接口，如图 2-39 所示。喷油器通过发动机线束直接与 ECU 控制电路和系统电源相连接。

　　喷油器的电磁线圈接收 ECU 的输出控制电压信号，进而控制喷油器下端球阀的开启和关闭时机。当电磁线圈通电时，所产生的电磁引力克服球阀的弹簧力和燃油压力，使球阀升起，燃油管路内的高压燃油（250～400kPa）就可通过喷油器的阀座孔，流经喷孔板并形

图 2-39　喷油器的外形及端子

成锥形喷雾喷到进气门体上。当喷油器断电后，电磁线圈的磁力自行消失，喷油器的球阀在回位弹簧的作用下自行关闭，使喷油器喷油动作停止。

3. 点火线圈

　　点火线圈由初级绕组、次级绕组和铁芯、外壳等组成。当蓄电池的电压加到初级绕组上时，初级绕组充电，一旦 ECU 将初级绕组回路切断，则充电中止，同时在次级绕组中感应出高压电，通过高压连接线、火花塞放电产生火花，引燃气缸内的燃油空气混合气。

4. 怠速控制阀

　　怠速旁通空气量调节控制阀由步进电机进行调节。当有特定的电脉冲输入信号分别作用于步进电机的两组电磁线圈上时，将按照一定的顺序改变两组线圈形成的电磁场极性，根据磁场同性相吸、异性相斥原理，驱动转子机构按一定的旋转方向旋转。因此，步进电机可将电脉冲输入信号转化为不连续的机械式旋转运动，再通过螺纹转子传动机构将转子的旋转运动转化为调节头的进、退直线运动。

四、电控系统电路

铃木 GW250 摩托车的发动机电控系统电路如图 2-40 所示。

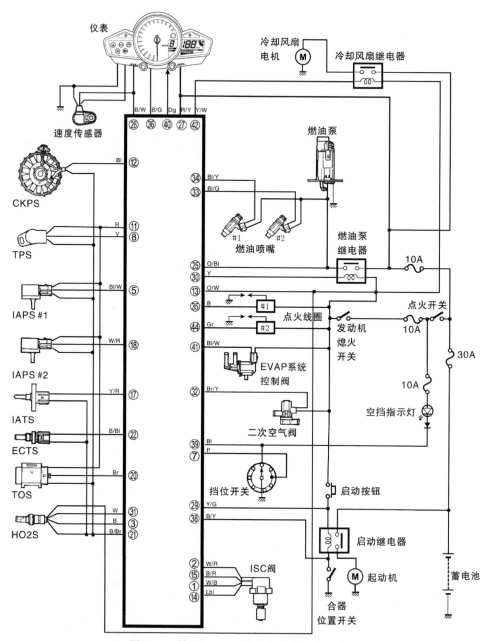

图 2-40 铃木 GW250 发动机电控系统电路图

第三章

豪爵铃木摩托车电路图

第一节　VM100 踏板摩托车电路图

一、充电与启动系统

豪爵 VM100（HJ100T-5）踏板摩托车的充电与启动系统电路如图 3-1 所示。

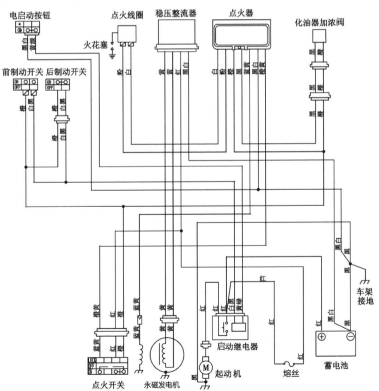

图 3-1　豪爵 VM100 充电与启动系统电路图

　　打开点火开关时，点火开关的橙色线通电。握住摩托车前、后任意制动手柄时，制动开关导通，点火电源通过制动开关向启动继电器电磁线圈（白黑色线）供电。按下电启动按钮时，电磁线圈另一端（黄绿色线）接地，电流流过电磁线圈，启动继电器吸合，蓄电池向起动机（红色线）供电，起动机运转以启动发动机。

　　发动机自行运转后，带动永磁发电机旋转，永磁发电机开始发电，电流通过稳压整流器整流稳压后，向整车电气系统供电，而多余的电能则给蓄电池充电。

　　打开点火开关时，化油器加浓阀工作（几秒），点火器也进入准备状态。

二、照明系统

　　豪爵 VM100（HJ100T-5）踏板摩托车的照明系统电路如图 3-2 所示。

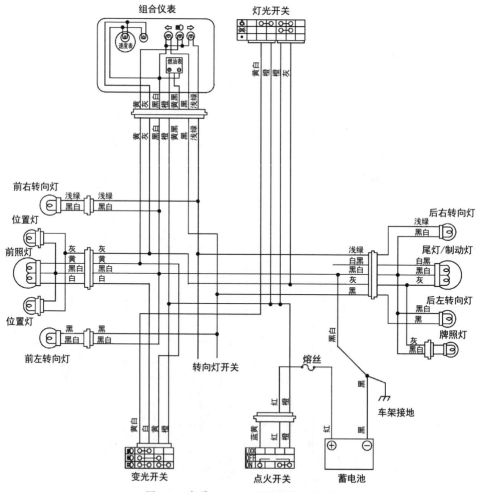

图 3-2　豪爵 VM100 照明系统电路图

小灯：打开灯光开关小灯挡时，小灯电源通过灯光开关灰色线输出，点亮位置灯（车头前部）、尾灯、牌照灯和组合仪表上的背光照明灯。

远近光灯：打开灯光开关大灯挡时，供电通过灯光开关黄白色线输出至变光开关，当变光开关处于近光灯位置时，供电通过变光开关白色线输出给前照灯的近光灯灯丝；当变光开关处于远光灯位置时，供电通过变光开关黄色线输出给前照灯的远光灯灯丝，同时点亮组合仪表上的远光指示灯。

超车灯：打开点火开关时，变光开关的橙色线通电，按下变光开关上的超车灯开关，供电将通过黄色线输送至远光灯，实现会车闪灯（超车灯）功能。

三、信号系统

豪爵 VM100（HJ100T-5）踏板摩托车的信号系统电路如图 3-3 所示。

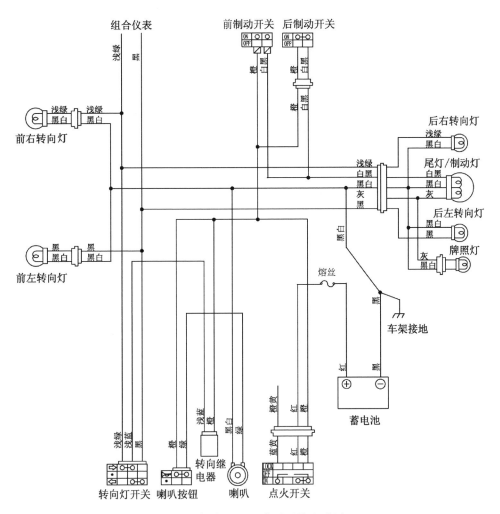

图 3-3　豪爵 VM100 信号系统电路图

　　转向信号灯：打开点火开关（ON）时，橙色点火电源线向转向继电器供电，打开左转向灯开关时，转向继电器工作，由浅蓝色线输出固定频率的闪烁信号，再通过转向灯开关黑色线向前左转向灯和后左转向灯输出转向信号，左转向灯闪烁；打开右转向灯开关时，通过转向灯开关浅绿色线向前右转向灯和后右转向灯输出转向信号，右转向灯闪烁。

　　制动灯：打开点火开关时，握住前后制动手柄时，制动开关闭合，点火电源通过制动开关白黑色线向尾灯/制动灯中的制动灯供电，点亮制动灯。

　　喇叭：打开点火开关时，喇叭按钮的橙色线有电，按下喇叭按钮时，喇叭按钮的绿色线向喇叭供电，喇叭开始鸣叫；松开喇叭按钮，则停止工作。

四、仪表与防盗系统

　　豪爵 VM100（HJ100T-5）踏板摩托车的仪表与防盗系统电路如图 3-4 所示。

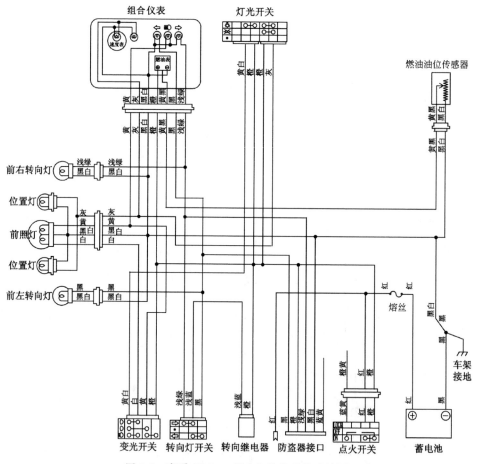

图 3-4　豪爵 VM100 仪表与防盗系统电路图

第二节　HJ110-A弯梁摩托车电路图

一、充电与启动系统

豪爵HJ110-A弯梁摩托车的充电与启动系统电路如图3-5所示。

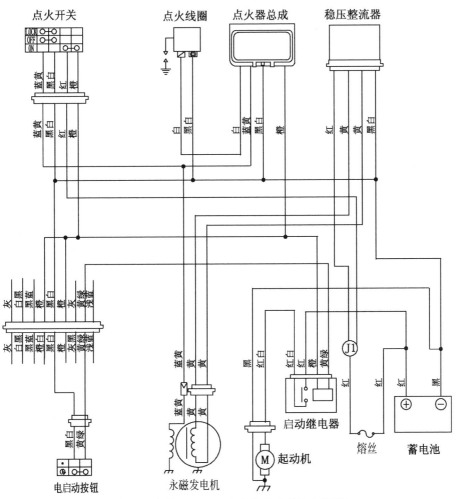

图 3-5　豪爵 HJ110-A 充电与启动系统电路图

打开点火开关时，点火开关的橙色线通电。由于弯梁摩托车有自动离合器（提高发动机转速才会接合），因此不需握住制动手柄，只需按下电启动按钮，启动继电器的电磁线圈一端接地，电流流过电磁线圈，启动继电器吸合，蓄电池向起动机（红色—红白色线）供电，电机运转以启动发动机。

发动机自行运转后，带动永磁发电机旋转，永磁发电机开始发电，电流通过稳压整流器整流稳压后，向整车电气系统供电，而多余的电能则给蓄电池充电。

二、照明系统

豪爵 HJ110-A 弯梁摩托车的照明系统电路如图 3-6 所示。

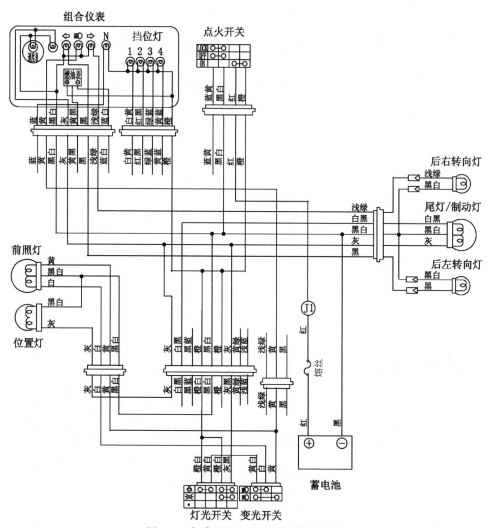

图 3-6　豪爵 HJ110-A 照明系统电路图

小灯：打开点火开关及灯光开关小灯挡时，小灯电源通过灯光开关引出的灰黑色-灰色线输出，点亮位置灯（车头前部）、尾灯和组合仪表上的背光照明灯。

远近光灯：打开灯光开关大灯挡时，供电通过灯光开关黄白色线输出至变光开关，当变光开关处于近光灯位置时，供电通过变光开关白色线输出给前照灯的近光灯灯丝；当变光开关处于远光灯位置时，供电通过变光开关黄色线输出给前照灯的远光灯灯丝，同时点亮组合仪表上的远光指示灯。

三、信号系统

豪爵 HJ110-A 弯梁摩托车的信号系统电路如图 3-7 所示。

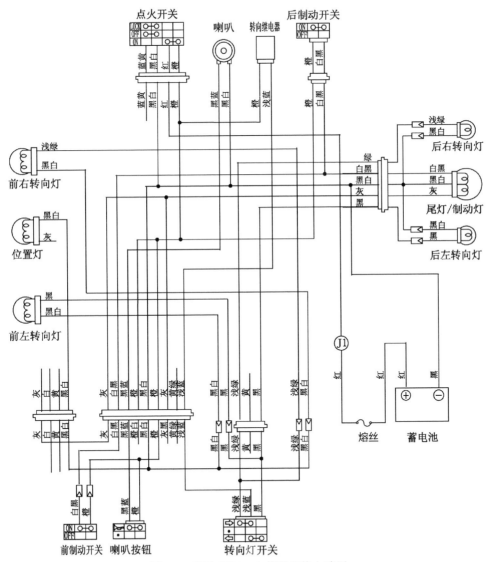

图 3-7　豪爵 HJ110-A 信号系统电路图

转向信号灯：打开点火开关（ON）时，橙色点火电源线向转向继电器供电，打开左转向灯开关时，转向继电器按一定频率间歇性工作，通过转向灯开关黑色线向前左转向灯和后左转向灯输出转向信号，左转向灯闪烁；打开右转向灯开关时，通过转向灯开关浅绿色线向前右转向灯和后右转向灯输出转向信号，右转向灯闪烁。

制动灯：打开点火开关时，握住前后制动手柄时，制动开关闭合，点火电源通过制动开关白黑色线向尾灯/制动灯中的制动灯供电，点亮制动灯。

喇叭：打开点火开关时，喇叭按钮的橙色线有电，按下喇叭按钮时，喇叭按钮的黑蓝色线向喇叭供电，喇叭开始鸣叫；松开喇叭按钮，则停止工作。

四、仪表与防盗系统

豪爵 HJ110-A 弯梁摩托车的仪表与防盗系统电路如图 3-8 所示。

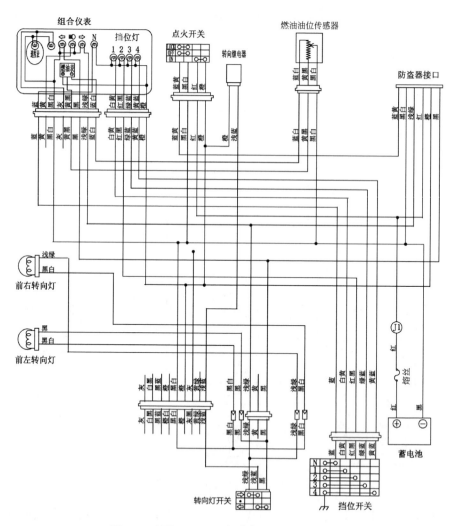

图 3-8　豪爵 HJ110-A 仪表与防盗系统电路图

第三节　UR110T 踏板摩托车电路图

一、充电与启动系统

豪爵 UR110T 踏板摩托车的充电与启动系统电路如图 3-9 所示。

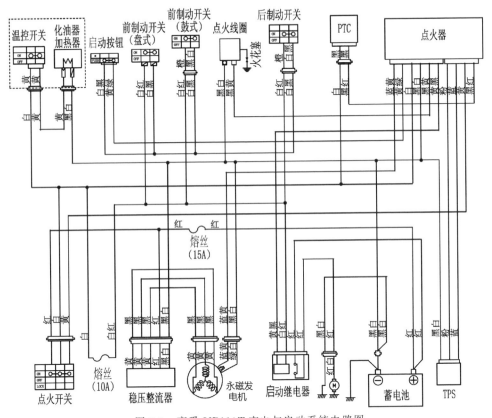

图 3-9　豪爵 UR110T 充电与启动系统电路图

打开点火开关时，点火开关的白色线通电，通过 10A 熔丝与之相连的白红色线也上电。握住摩托车前、后任意制动手柄时，制动开关导通，点火电源通过白黑色线向启动按钮供电，按下电启动按钮时，点火器黄绿色线得电。当点火器通过黄黑色线输出启动控制信号时，启动继电器吸合，蓄电池向起动机（红色—红白色线）供电，起动机运转以启动发动机。点火器通过黑黄色线发出点火信号，点火线圈通过火花塞点火。

发动机自行运转后，带动永磁发电机旋转，永磁发电机开始发电，电流通过稳压整流器整流稳压后，向整车电气系统供电，而多余的电能则给蓄电池充电。

　　低温天气时，打开点火开关，化油器加热器工作，达到设定温度时由温控开关断开。

二、照明系统

　　豪爵 UR110T 踏板摩托车的照明系统电路如图 3-10 所示。

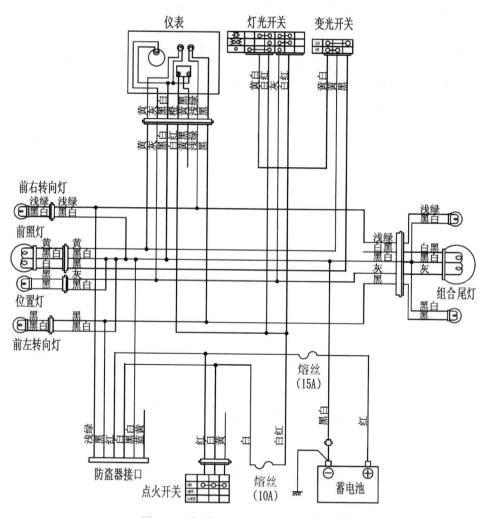

图 3-10　豪爵 UR110T 照明系统电路图

　　小灯：打开点火开关及灯光开关小灯挡时，小灯电源通过灯光开关引出的灰色线输出，点亮车头前部的位置灯、尾灯和组合仪表上的背光照明灯。

　　远近光灯：打开灯光开关大灯挡时，供电通过灯光开关黄白色线输出至变光开关，当变光开关处于近光灯位置时，供电通过变光开关黑色线输出给前照灯的近光灯灯丝；当变光开关处于远光灯位置时，供电通过变光开关黄色线输出给前照灯的远光灯灯丝，同时点亮组合仪表上的远光指示灯。

三、信号系统

豪爵 UR110T 踏板摩托车的信号系统电路如图 3-11 所示。

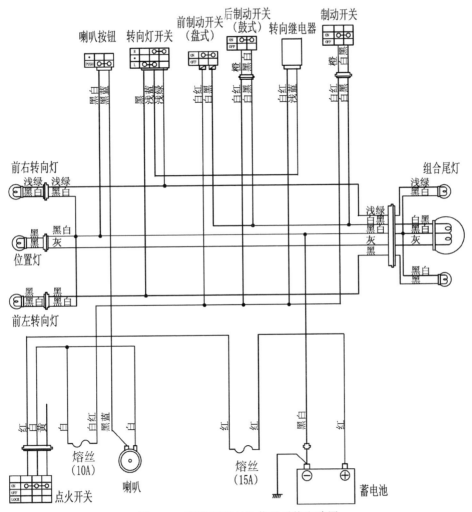

图 3-11 豪爵 UR110T 信号系统电路图

转向信号灯：打开点火开关（ON）时，白红色点火电源线向转向继电器供电，打开左转向灯开关时，转向继电器按一定频率间歇性工作，通过转向灯开关黑色线向前左转向灯和后左转向灯输出转向信号，左转向灯闪烁；打开右转向灯开关时，通过转向灯开关浅绿色线向前右转向灯和后右转向灯输出转向信号，右转向灯闪烁。

制动灯：打开点火开关时，握住前后制动手柄时，制动开关闭合，点火电源通过制动开关白黑色线向组合尾灯中的制动灯供电，点亮制动灯。

喇叭：打开点火开关时，喇叭的白色线有电，按下喇叭按钮时，其黑蓝色线与黑白色线相通，再通过蓄电池负极构成电源回路，喇叭鸣叫；松开喇叭按钮，则喇叭停止工作。

四、仪表与防盗系统

豪爵 UR110T 踏板摩托车的仪表与防盗系统电路如图 3-12 所示。

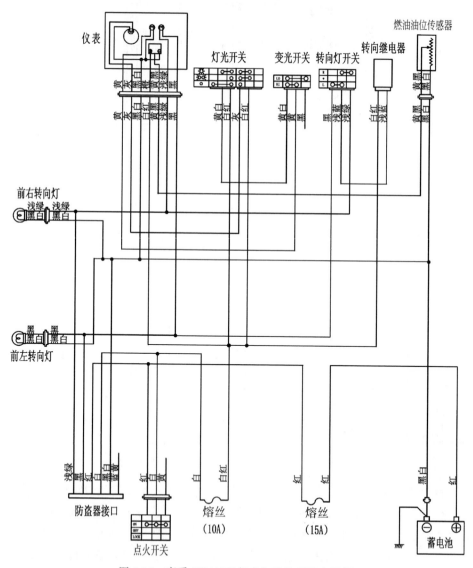

图 3-12 豪爵 UR110T 仪表与防盗系统电路图

第四节　悦星 HJ125T-9C 踏板摩托车电路图

一、充电与启动系统

悦星 HJ125T-9C 踏板摩托车的充电与启动系统电路如图 3-13 所示。

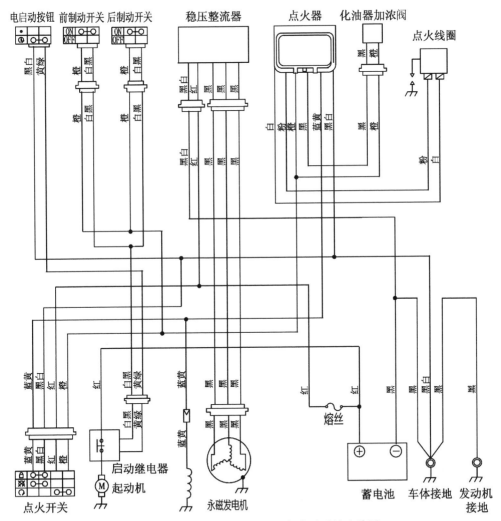

图 3-13　悦星 HJ125T-9C 充电与启动系统电路图

打开点火开关时，通过点火开关橙色线向全车用电器供电。握住摩托车前、后任意制动手柄时，制动开关导通，点火电源通过白黑色线向启动继电器供电，按下电启动按钮时，启动继电器另一端（黄绿色线）接地，电流流过电磁线圈，启动继电器吸合，蓄电池向起动机（红色线）供电，起动机运转以启动发动机。点火器通过永磁发电机上的位置线圈检测曲轴位置，然后向点火线圈发出点火信号，点火线圈通过火花塞点火。

发动机自行运转后，带动永磁发电机发电，电流通过稳压整流器整流稳压后，向整车电气系统供电，而多余的电能则给摩托车蓄电池充电。

低温天气打开点火开关时，点火器控制化油器加浓阀工作，达到设定温度时断开。

二、照明系统

悦星 HJ125T-9C 踏板摩托车的照明系统电路如图 3-14 所示。

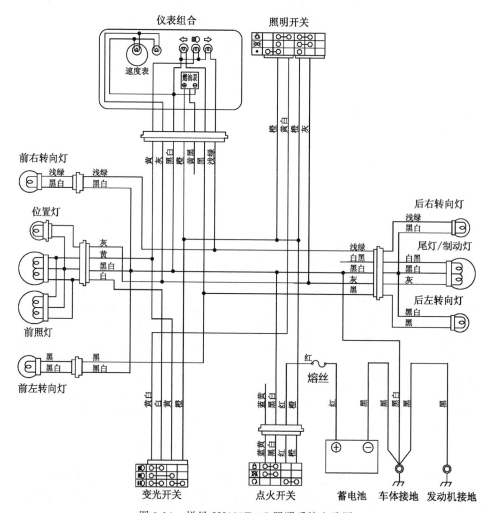

图 3-14　悦星 HJ125T-9C 照明系统电路图

小灯：打开点火开关及照明开关小灯挡时，小灯电源通过照明开关引出的灰色线输出，点亮车头前部的位置灯、尾灯和组合仪表上的背光照明灯。

远近光灯：打开照明开关大灯挡时，供电通过照明开关黄白色线输出至变光开关，当变光开关处于近光灯位置时，供电通过变光开关白色线输出给前照灯的近光灯灯丝；当变光开关处于远光灯位置时，供电通过变光开关黄色线输出给前照灯的远光灯灯丝，同时点亮仪表上的远光指示灯。

超车灯：打开点火开关时，变光开关的橙色线通电，按下变光开关上的超车灯开关，供电将通过黄色线输送至远光灯，实现会车闪灯（远光灯）功能。

三、信号系统

悦星 HJ125T-9C 踏板摩托车的信号系统电路如图 3-15 所示。

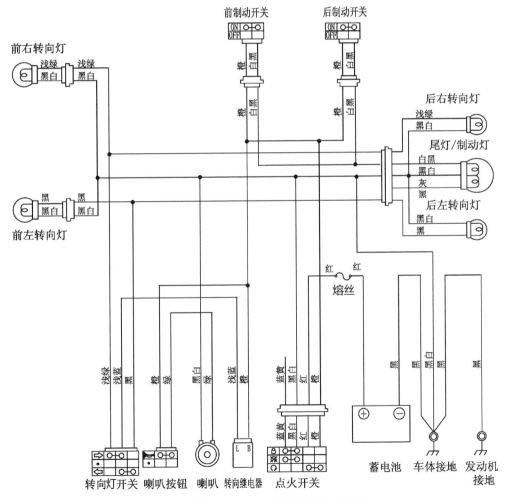

图 3-15　悦星 HJ125T-9C 信号系统电路图

转向信号灯：打开点火开关（ON）时，橙色点火电源线向转向继电器供电，打开左转向灯开关时，转向继电器按一定频率间歇性工作，通过转向灯开关黑色线向前左转向灯和后左转向灯输出转向信号，左转向灯闪烁；打开右转向灯开关时，通过转向灯开关浅绿色线向前右转向灯和后右转向灯输出转向信号，右转向灯闪烁。

制动灯：打开点火开关，握住前后制动手柄时，制动开关闭合，点火电源通过制动开关白黑色线向组合尾灯中的制动灯供电，点亮制动灯。

喇叭：打开点火开关时，喇叭的橙色线有电，按下喇叭按钮时，其橙色线与绿色线相通，喇叭鸣叫；松开喇叭按钮，则喇叭停止工作。

四、仪表与防盗系统

悦星 HJ125T-9C 踏板摩托车的仪表与防盗系统电路如图 3-16 所示。

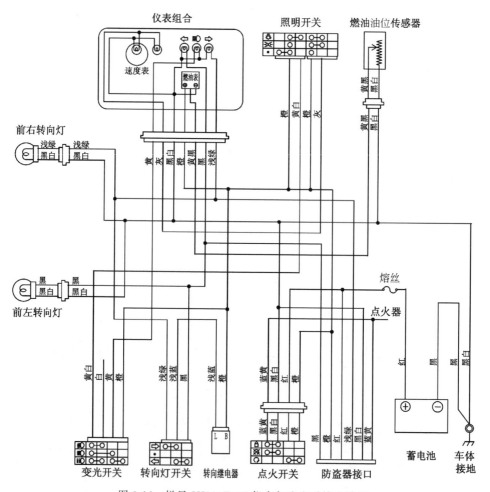

图 3-16　悦星 HJ125T-9C 仪表与防盗系统电路图

第五节　宇钻/鹰钻 HJ125T-10 踏板摩托车电路图

一、充电与启动系统

宇钻/鹰钻 HJ125T-10 踏板摩托车的充电与启动系统电路如图 3-17 所示。

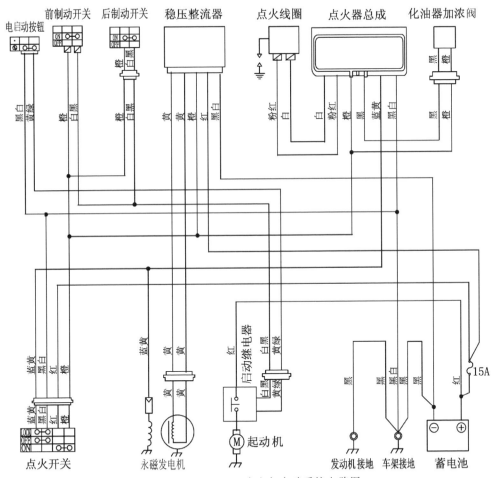

图 3-17　HJ125T-10 充电与启动系统电路图

打开点火开关时，通过点火开关橙色线向全车用电器供电。握住摩托车前、后任意制动手柄时，制动开关导通，点火电源通过白黑色线向启动继电器供电，按下电启动按钮时，启动继电器另一端（黄绿色线）接地，电流流过电磁线圈，启动继电器吸合，蓄电池向起动机（红色粗线）供电，起动机运转以启动发动机。点火器通过永磁发电机上的位置线圈检测曲轴位置，然后向点火线圈发出点火信号，点火线圈通过火花塞点火。

发动机自行运转后，带动永磁发电机发电，电流通过稳压整流器整流稳压后，向整车电气系统供电，而多余的电能则给摩托车蓄电池充电。

二、照明与信号系统

宇钻/鹰钻 HJ125T-10 踏板摩托车的照明与信号系统电路如图 3-18 所示。

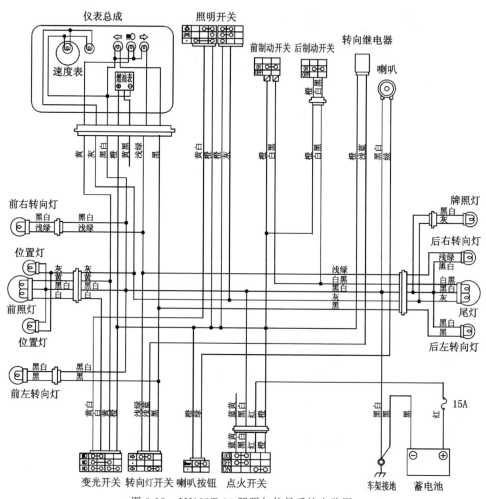

图 3-18　HJ125T-10 照明与信号系统电路图

小灯：打开点火开关及照明开关小灯挡时，小灯电源通过照明开关引出的灰色线输出，点亮车头前部的位置灯、尾灯和组合仪表上的背光照明灯。

远近光灯：打开照明开关大灯挡时，供电通过照明开关黄白色线输出至变光开关，当变光开关处于近光灯位置时，供电通过变光开关白色线输出给前照灯的近光灯灯丝；当变光开关处于远光灯位置时，供电通过变光开关黄色线输出给前照灯的远光灯灯丝，同时点亮仪表上的远光指示灯。

超车灯： 打开点火开关时，变光开关的橙色线通电，按下变光开关上的超车灯开关，供电将通过黄色线输送至远光灯，实现会车闪灯（远光灯）功能。

转向信号灯： 打开点火开关（ON）时，橙色点火电源线向转向继电器供电，打开左转向灯开关时，转向继电器按一定频率间歇性工作，通过转向灯开关黑色线向前左转向灯和后左转向灯输出转向信号，左转向灯闪烁；打开右转向灯开关时，通过转向灯开关浅绿色线向前右转向灯和后右转向灯输出转向信号，右转向灯闪烁。

三、仪表与防盗系统

宇钻/鹰钻 HJ125T-10 踏板摩托车的仪表与防盗系统电路如图 3-19 所示。

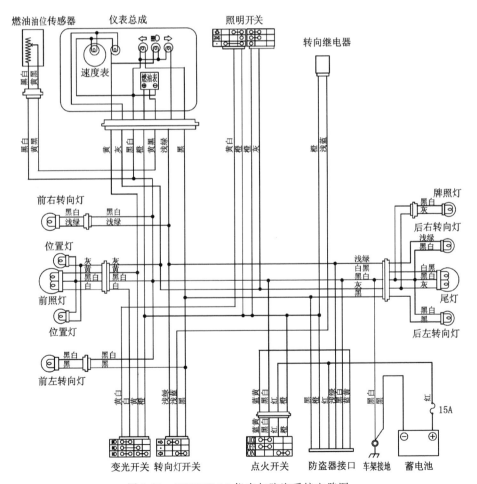

图 3-19　HJ125T-10 仪表与防盗系统电路图

第六节　红宝 UM125T 踏板摩托车电路图

一、充电与启动系统

红宝 UM125T 踏板摩托车的充电与启动系统电路如图 3-20 所示。

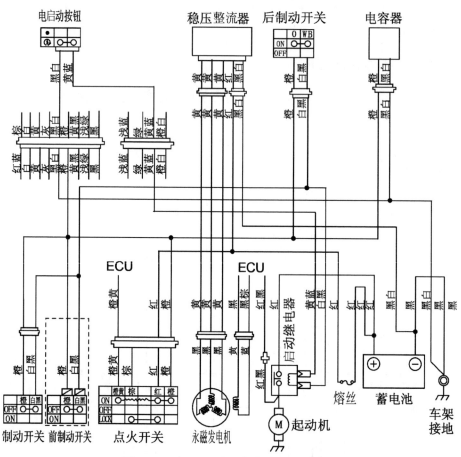

图 3-20　UM125T 充电与启动系统电路图

　　打开点火开关时，点火开关橙色线向全车用电器供电。握住摩托车前、后任意制动手柄时，制动开关导通，点火电源通过白黑色线向启动继电器供电。按下电启动按钮时，启动继电器另一端（黄蓝色线）接地，电流流过电磁线圈，启动继电器吸合，起动机运转，同时，通过红黑色线向发动机 ECU 反馈启动信号。发动机 ECU 通过永磁发电机上的位置线圈检测曲轴位置，然后发出精确的点火和喷油信号。

发动机自行运转后，带动永磁发电机发电，电流通过稳压整流器整流稳压后，向整车电气系统供电，而多余的电能则给摩托车蓄电池充电。

二、照明与信号系统

红宝 UM125T 踏板摩托车的照明与信号系统电路如图 3-21 所示。

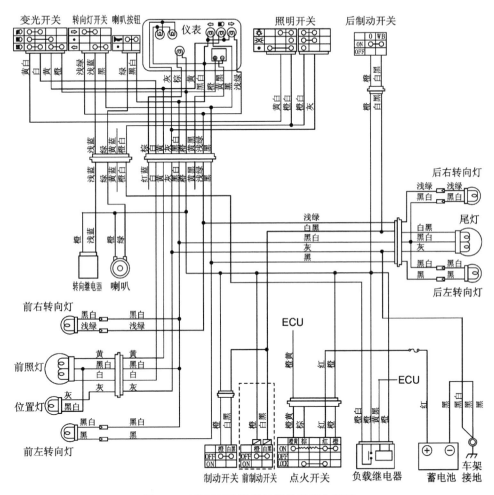

图 3-21　UM125T 照明与信号系统电路图

打开点火开关，ECU 控制负载继电器闭合时，继电器的橙白色线向照明开关供电。

小灯：负载继电器闭合，且打开照明开关小灯挡时，小灯电源通过照明开关引出的灰色线输出，点亮车头前部的位置灯、尾灯和仪表上的背光照明灯。

远近光灯：打开照明开关大灯挡时，供电通过照明开关黄白色线输出至变光开关，当变光开关处于近光灯位置时，供电通过变光开关白色线输出给前照灯的近光灯灯丝；当变光开关处于远光灯位置时，供电通过变光开关黄色线输出给前照灯的远光灯灯丝，同时点亮仪表上的远光指示灯。

转向信号灯：打开点火开关（ON）时，橙色点火电源线向转向继电器供电，打开左转向灯开关时，转向继电器按一定频率间歇性工作，通过转向灯开关黑色线向前左转向灯和后左转向灯输出转向信号，左转向灯闪烁；打开右转向灯开关时，通过转向灯开关浅绿色线向前右转向灯和后右转向灯输出转向信号，右转向灯闪烁。

三、仪表与防盗系统

红宝 UM125T 踏板摩托车的仪表与防盗系统电路如图 3-22 所示。

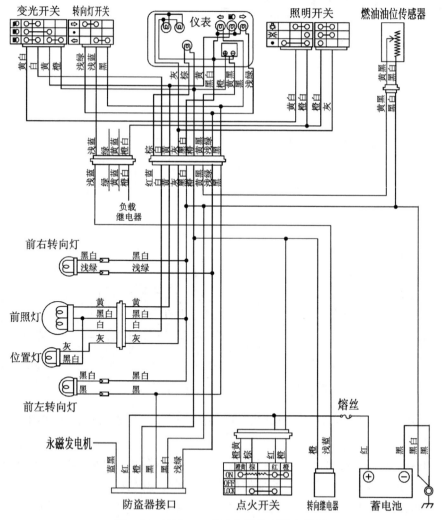

图 3-22　UM125T 仪表与防盗系统电路图

四、发动机电控系统

红宝 UM125T 踏板摩托车的发动机电控系统电路如图 3-23 所示。

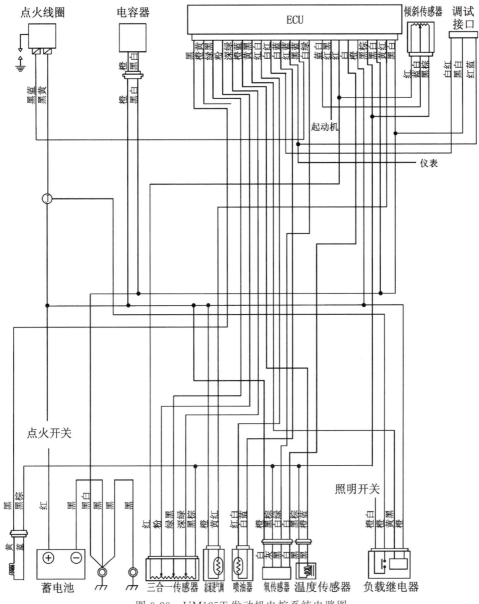

图 3-23 UM125T 发动机电控系统电路图

打开点火开关时，点火电源向点火线圈、怠速进气阀、氧传感器和发动机 ECU 供电。ECU 采集发动机各传感器信号，计算喷油和点火时刻，控制各执行器工作。

第七节 天玉 UZ125T-C 踏板摩托车电路图

一、充电与启动系统

天玉 UZ125T-C 踏板摩托车的充电与启动系统电路如图 3-24 所示。

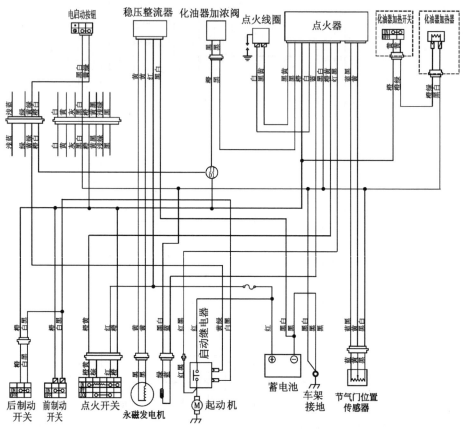

图 3-24 UZ125T-C 充电与启动系统电路图

打开点火开关时，点火开关橙色线向全车电器供电。握住摩托车前、后任意制动手柄时，制动开关导通，制动开关通过白黑色线向启动继电器供电，按下电启动按钮时，启动继电器另一端（黄绿色线）接地，电流流过电磁线圈，启动继电器吸合，蓄电池向起动机（红色粗线）供电，起动机运转以启动发动机。点火器通过永磁发电机上的位置线圈检测曲轴位置，并检测节气门位置，然后向点火线圈发出点火信号，通过火花塞点火。

发动机自行运转后，带动永磁发电机发电，电流通过稳压整流器整流稳压后，向整车电气系统供电，多余的电能则给摩托车蓄电池充电。

二、照明与信号系统

天玉 UZ125T-C 踏板摩托车的照明与信号系统电路如图 3-25 所示。

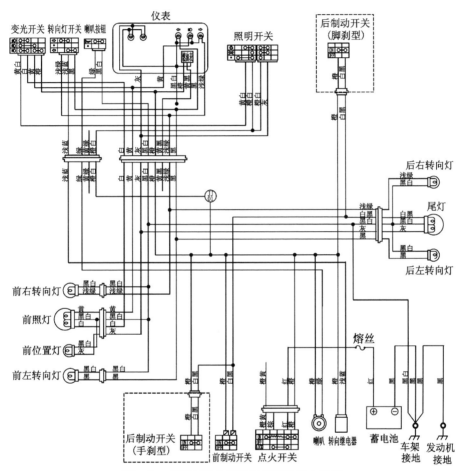

图 3-25　UZ125T-C 照明与信号系统电路图

小灯：打开点火开关及照明开关小灯挡时，小灯电源通过照明开关引出的灰色线输出，点亮车头前部的位置灯、尾灯和组合仪表上的背光照明灯。

远近光灯：打开照明开关大灯挡时，供电通过照明开关黄白色线输出至变光开关，当变光开关处于近光灯位置时，供电通过变光开关白色线输出给前照灯的近光灯灯丝；当变光开关处于远光灯位置时，供电通过变光开关黄色线输出给前照灯的远光灯灯丝，同时点亮仪表上的远光指示灯。

超车灯：打开点火开关时，变光开关的橙色线通电，按下变光开关上的超车灯开关，供电将通过黄色线输送至远光灯，实现会车闪灯（远光灯）功能。

　　转向信号灯：打开点火开关（ON）时，橙色点火电源线向转向继电器供电，打开左转向灯开关时，转向继电器按一定频率间歇性工作，通过转向灯开关黑色线向前左转向灯和后左转向灯输出转向信号，左转向灯闪烁；打开右转向灯开关时，通过转向灯开关浅绿色线向前右转向灯和后右转向灯输出转向信号，右转向灯闪烁。

三、仪表与防盗系统

　　天玉 UZ125T-C 踏板摩托车的仪表与防盗系统电路如图 3-26 所示。

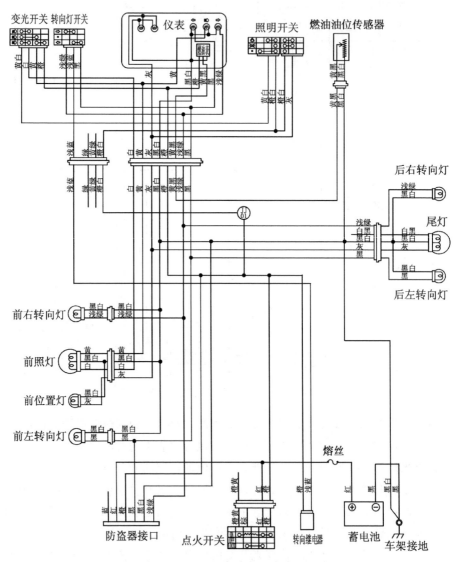

图 3-26　UZ125T-C 仪表与防盗系统电路图

第八节　海王星 UA125T-A 踏板摩托车电路图

一、普通款充电与启动系统

海王星 UA125T-A 踏板摩托车（普通款）的充电与启动系统电路如图 3-27 所示。

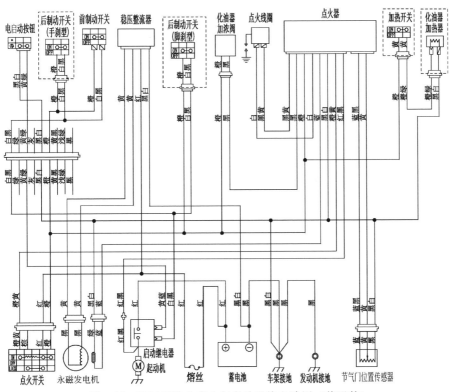

图 3-27　UA125T-A 充电与启动系统电路图（普通款）

打开点火开关时，点火开关橙色线向全车电器供电，同时橙黄色线向点火器输出一个高电位信号（有这个信号车辆才会点火）。握住摩托车前、后任意制动手柄时，制动开关导通，制动开关白黑色线向启动继电器供电，按下电启动按钮时，启动继电器另一端（黄蓝色线）接地，电流流过电磁线圈，启动继电器吸合，蓄电池向起动机（红色粗线）供电，起动机运转以启动发动机。点火器通过永磁发电机上的位置线圈检测曲轴位置，并检测节气门位置，然后向点火线圈发出点火信号，通过火花塞点火。

发动机自行运转后，带动永磁发电机发电，电流通过稳压整流器整流稳压后，向整车电气系统供电，多余的电能则给摩托车蓄电池充电。

二、普通款照明与信号系统

海王星 UA125T-A 踏板摩托车（普通款）的照明与信号系统电路如图 3-28 所示。

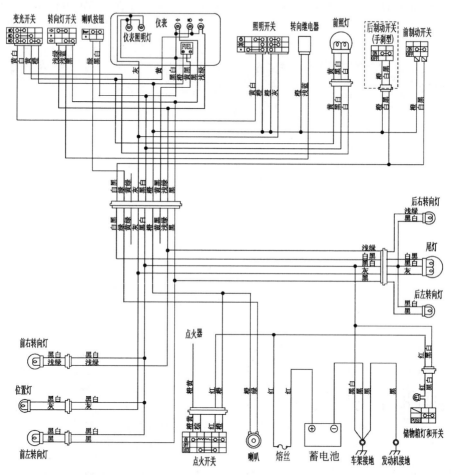

图 3-28　UA125T-A 照明与信号系统电路图（普通款）

小灯： 打开点火开关及照明开关小灯挡时，小灯电源通过照明开关引出的灰色线输出，点亮车头前部的位置灯、尾灯和组合仪表上的背光照明灯。

远近光灯： 打开照明开关大灯挡时，供电通过照明开关黄白色线输出至变光开关，当变光开关处于近光灯位置时，供电通过变光开关白色线输出给前照灯的近光灯灯丝；当变光开关处于远光灯位置时，供电通过变光开关黄色线输出给前照灯的远光灯灯丝，同时点亮仪表上的远光指示灯。

超车灯：打开点火开关时，变光开关的橙色线通电，按下变光开关上的超车灯开关，供电将通过黄色线输送至远光灯，实现会车闪灯（远光灯）功能。

转向信号灯：打开点火开关（ON）时，橙色点火电源线向转向继电器供电，打开左转向灯开关时，转向继电器按一定频率间歇性工作，通过转向灯开关黑色线向前左转向灯和后左转向灯输出转向信号，左转向灯闪烁；打开右转向灯开关时，通过转向灯开关浅绿色线向前右转向灯和后右转向灯输出转向信号，右转向灯闪烁。

三、普通款仪表与防盗系统

海王星 UA125T-A 踏板摩托车（普通款）的仪表与防盗系统电路如图 3-29 所示。

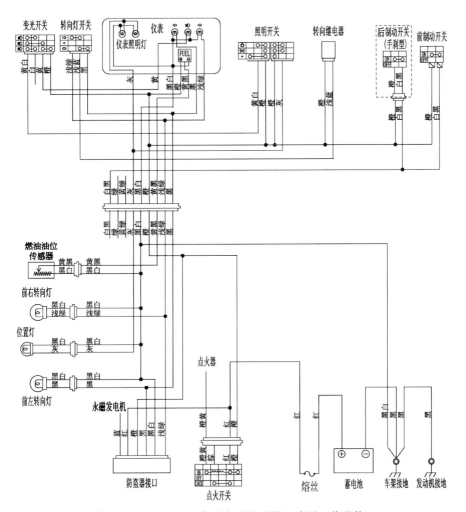

图 3-29　UA125T-A 仪表与防盗系统电路图（普通款）

四、豪华款充电与启动系统

海王星 UA125T-A 踏板摩托车（豪华款）的充电与启动系统电路如图 3-30 所示。

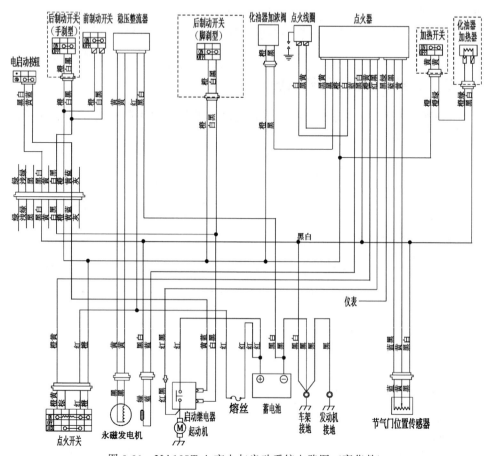

图 3-30　UA125T-A 充电与启动系统电路图（豪华款）

打开点火开关时，点火开关橙色线向全车电器供电，同时橙黄色线向点火器输出一个高电位信号（有这个信号，车辆启动时才会点火）。握住摩托车前、后任意制动手柄时，制动开关导通，制动开关白黑色线向启动继电器供电，按下电启动按钮时，启动继电器另一端（黄蓝色线）接地，电流流过电磁线圈，启动继电器吸合，蓄电池向起动机（红色粗线）供电，起动机运转以启动发动机。点火器通过永磁发电机上的位置线圈检测曲轴位置，并检测气门位置，然后向点火线圈发出点火信号，通过火花塞点火。

发动机自行运转后，带动永磁发电机发电，电流通过稳压整流器整流稳压后，向整车电气系统供电，多余的电能则给摩托车蓄电池充电。

五、豪华款照明与信号系统

海王星 UA125T-A 踏板摩托车（豪华款）的照明与信号系统电路如图 3-31 所示。

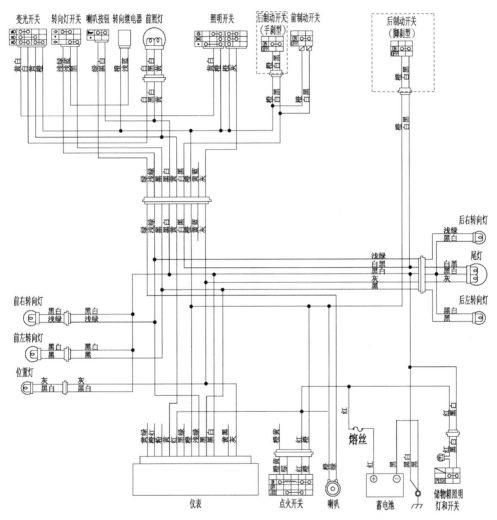

图 3-31 UA125T-A 照明与信号系统电路图（豪华款）

小灯：打开点火开关及照明开关小灯挡时，小灯电源通过照明开关引出的灰色线输出，点亮车头前部的位置灯、尾灯和组合仪表上的背光照明灯。

远近光灯：打开照明开关大灯挡时，供电通过照明开关黄白色线输出至变光开关，当变光开关处于近光灯位置时，供电通过变光开关白色线输出给前照灯的近光灯灯丝；当变光开关处于远光灯位置时，供电通过变光开关黄色线输出给前照灯的远光灯灯丝，同时点亮仪表上的远光指示灯。

超车灯：打开点火开关时，变光开关的橙色线通电，按下变光开关上的超车灯开关，供电将通过黄色线输送至远光灯，实现会车闪灯（远光灯）功能。

转向信号灯：打开点火开关（ON）时，橙色点火电源线向转向继电器供电，打开左转向灯开关时，转向继电器按一定频率间歇性工作，通过转向灯开关黑色线向前左转向灯和后左转向灯输出转向信号，左转向灯闪烁；打开右转向灯开关时，通过转向灯开关浅绿色线向前右转向灯和后右转向灯输出转向信号，右转向灯闪烁。

六、豪华款仪表与防盗系统

海王星 UA125T-A 踏板摩托车（豪华款）的仪表与防盗系统电路如图 3-32 所示。

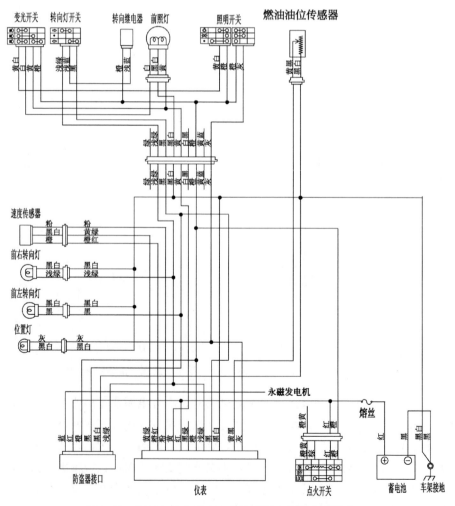

图 3-32　UA125T-A 仪表与防盗系统电路图（豪华款）

第九节　海王星 UA125T 踏板摩托车电路图

一、充电与启动系统

海王星 UA125T 踏板摩托车的充电与启动系统电路如图 3-33 所示。

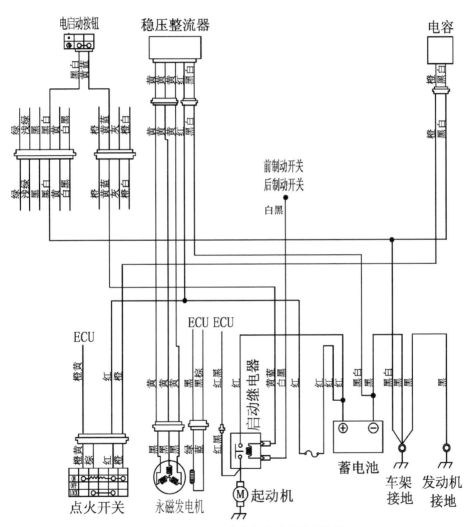

图 3-33　UA125T 充电与启动系统电路图

整车电气系统由蓄电池供电，蓄电池正极通过摩托车踏板下方的熔丝和红色导线连接到稳压整流器输出端和点火开关输入端。

启动系统：打开点火开关（ON）时，电容给供电系统稳压。握紧摩托车前、后任意制动手柄时，制动开关导通，点火电源通过制动开关向启动继电器电磁线圈供电。按下电启动按钮时，电磁线圈另一端接地，电流流过电磁线圈，启动继电器吸合，蓄电池向起动机供电，起动机运转以启动发动机，同时，向发动机 ECU 发送启动信号。

充电系统：发动机自行运转后，带动永磁发电机旋转，永磁发电机开始发电，电流通过稳压整流器整流稳压后，向整车电气系统供电，而多余的电能则给蓄电池充电。永磁发电机处的曲轴位置传感器向发动机 ECU 发送曲轴位置信号。

二、照明系统

海王星 UA125T 踏板摩托车的照明系统电路如图 3-34 所示。

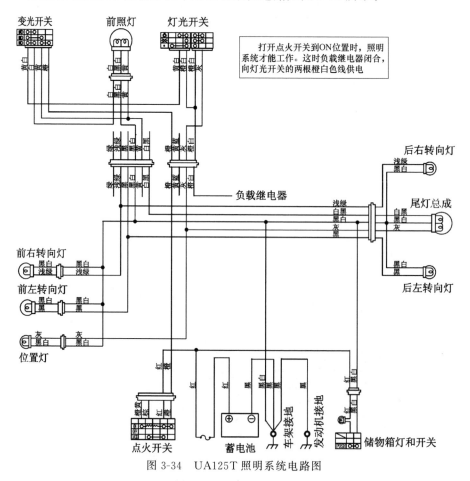

图 3-34　UA125T 照明系统电路图

小灯：打开灯光开关小灯挡时，小灯电源通过灯光开关灰色线输出，点亮车头前部的位置灯、尾灯总成里的位置灯和仪表上的背光照明灯。

远近光灯：打开灯光开关大灯挡时，供电通过灯光开关黄白色线输出至变光开关，当变光开关处于近光灯位置时，供电通过变光开关白色线输出给前照灯的近光灯灯丝；当变光开关处于远光灯位置时，供电通过变光开关黄色线输出给前照灯的远光灯灯丝，同时点亮仪表上的远光指示灯。

储物箱灯（座桶灯）：不受点火开关控制，打开坐垫时，储物箱灯开关闭合，接通储物箱灯回路，储物箱灯亮起。

三、信号系统

海王星 UA125T 踏板摩托车的信号系统电路如图 3-35 所示。

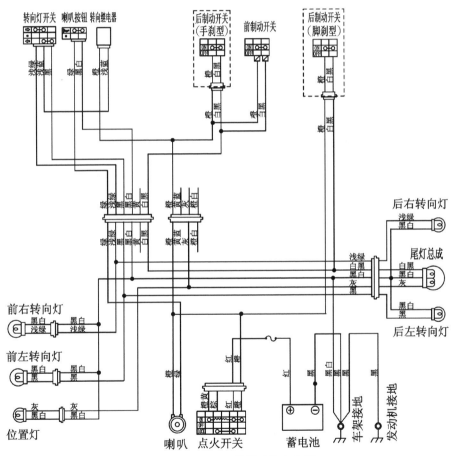

图 3-35　UA125T 信号系统电路图

转向信号灯：打开点火开关（ON）时，橙色线向转向继电器供电，打开左转向灯开关时，转向继电器按一定频率间歇性工作，通过转向灯开关黑色线向前左转向灯和后左转向灯输出转向信号，左转向灯闪烁；打开右转向灯开关时，通过转向灯开关浅绿色线向前右转向灯和后右转向灯输出转向信号，右转向灯闪烁。

制动灯：打开点火开关时，踩下制动踏板（脚刹型）或握住前、后制动手柄时，制动开关闭合，点火电源通过制动开关白黑色线向尾灯总成的制动灯供电，点亮制动灯。

喇叭：打开点火开关时，喇叭的橙色线有电，按下喇叭按钮时，喇叭的绿色线接地形成通路，喇叭开始鸣叫，松开按钮则停止。

四、仪表与防盗系统

海王星 UA125T 踏板摩托车的仪表与防盗系统电路如图 3-36 所示。

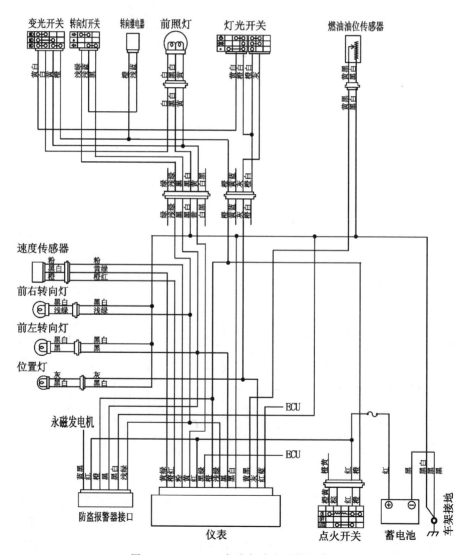

图 3-36　UA125T 仪表与防盗系统电路图

五、发动机电控系统

海王星 UA125T 踏板摩托车的发动机电控系统电路如图 3-37 所示。

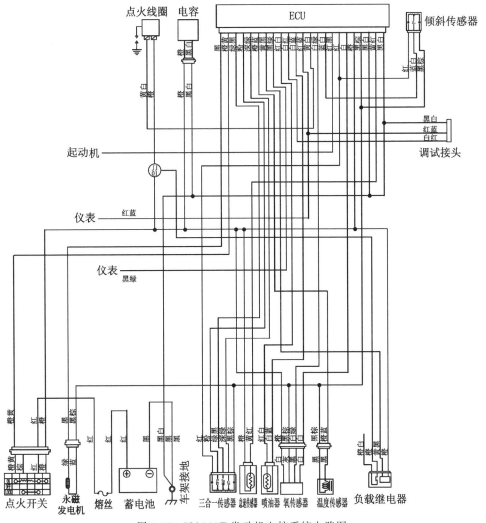

图 3-37　UA125T 发动机电控系统电路图

打开点火开关时，点火电源向点火线圈、怠速进气阀、氧传感器和发动机 ECU 供电。ECU 采集发动机各传感器信号，计算喷油和点火信号，控制各执行器工作。

由 ECU 引出的黑棕色线为各传感器共用负极，红色线向各传感器供电。三合一传感器包括节气门位置传感器（TPS）、进气压力传感器（MAP）、进气温度传感器（AT）。当 ECU 通过倾斜传感器检测到车辆倾倒时，发动机将会熄火。

第十节　铃木 GN125-2 跨骑摩托车电路图

一、充电与启动系统

铃木 GN125-2 跨骑摩托车的充电与启动系统电路如图 3-38 所示。

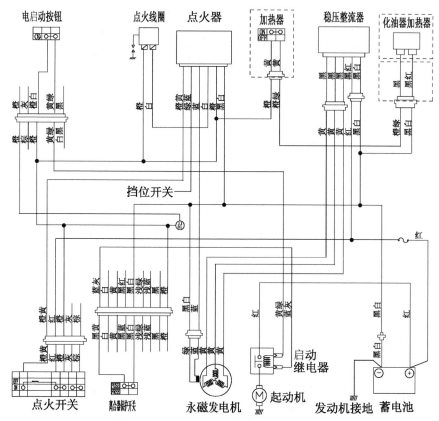

图 3-38　GN125-2 充电与启动系统电路图

　　打开点火开关时，点火开关橙色线向全车电器供电。按下电启动按钮时，点火电源通过黄绿色线向启动继电器电磁线圈一端供电。握住离合器手柄（离合器分离）时，离合器保护开关闭合，给启动继电器电磁线圈提供接地回路，电流流过电磁线圈，启动继电器吸合，蓄电池向起动机（红色粗线）供电，起动机运转以启动发动机。点火器通过永磁发电机上的位置线圈检测曲轴位置，然后向点火线圈发出点火信号，通过火花塞点火。

　　发动机自行运转后，带动永磁发电机发电，电流通过稳压整流器整流稳压后，向整车电气系统供电，多余的电能则给摩托车蓄电池充电。

二、照明与信号系统

铃木 GN125-2 跨骑摩托车的照明与信号系统电路如图 3-39 所示。

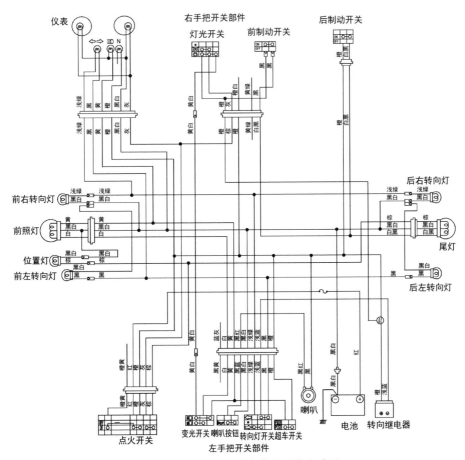

图 3-39　GN125-2 照明与信号系统电路图

小灯：打开点火开关及灯光开关小灯挡时，小灯电源通过灯光开关引出的灰色线输出，点亮仪表上的背光照明灯，并通过点火开关处的棕色线（灰、棕色线相通）向车头的位置灯、车后的尾灯供电。

远近光灯：打开灯光开关大灯挡时，供电通过灯光开关黄白色线输出至变光开关，当变光开关处于近光灯位置时，供电通过变光开关白色线输出给前照灯的近光灯灯丝；当变光开关处于远光灯位置时，供电通过变光开关黄色线输出给前照灯的远光灯灯丝，同时点亮仪表上的远光指示灯。

超车灯：打开点火开关时，变光开关的橙色线通电，按下变光开关上的超车灯开关，供电将通过黄色线输送至远光灯，实现会车闪灯（远光灯）功能。

　　转向信号灯：打开点火开关（ON）时，橙色点火电源线向转向继电器供电。打开左转向灯开关时，转向继电器工作，输出一定频率的间歇闪光信号，通过转向灯开关黑色线向前左转向灯和后左转向灯输出转向信号，左转向灯闪烁；打开右转向灯开关时，通过转向灯开关浅绿色线向前右转向灯和后右转向灯输出转向信号，右转向灯闪烁。

三、仪表与防盗系统

　　铃木 GN125-2 跨骑摩托车的仪表与防盗系统电路如图 3-40 所示。

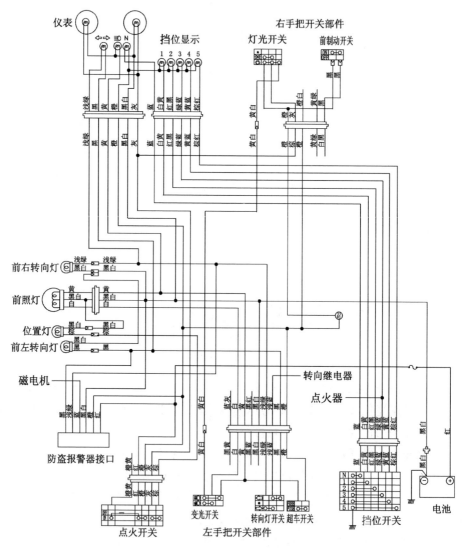

图 3-40　GN125-2 仪表与防盗系统电路图

第十一节 豪爵银豹 HJ125-7D 跨骑摩托车电路图

一、充电与启动系统

豪爵银豹 HJ125-7D 跨骑摩托车的充电与启动系统电路如图 3-41 所示。

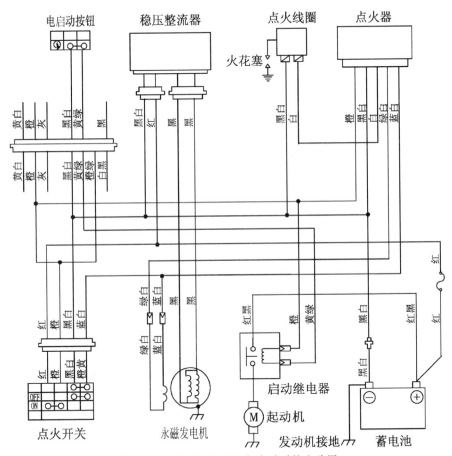

图 3-41 HJ125-7D 充电与启动系统电路图

打开点火开关时，点火开关橙色线向全车电器供电，点火器和启动继电器得电。按下电启动按钮时，启动继电器电磁线圈的负极一端（黄绿色线）通过电启动按钮的黑白色线接地，电流流过电磁线圈，启动继电器吸合，蓄电池向起动机（红黑色粗线）供电，起动机运转以启动发动机。点火器通过永磁发电机上的位置线圈检测曲轴位置，然后向点火线圈发出点火信号，通过火花塞点火。

提示： 启动车辆前先断开离合器，或将车辆挂入空挡；关闭点火开关时，永磁发电机位置线圈将会被接地，发动机会因无法点火而熄火。

发动机自行运转后，带动永磁发电机发电，电流通过稳压整流器整流稳压后，向整车电气系统供电，多余的电能则给摩托车蓄电池充电。

二、照明与信号系统

豪爵银豹 HJ125-7D 跨骑摩托车的照明与信号系统电路如图 3-42 所示。

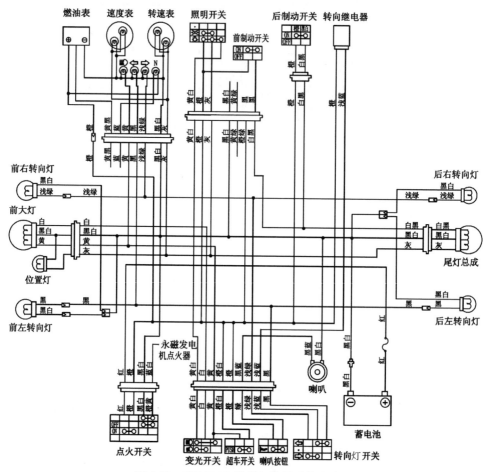

图 3-42　HJ125-7D 照明与信号系统电路图

小灯： 打开点火开关及照明开关小灯挡时，小灯电源通过照明开关引出的灰色线输出，点亮车头前部的位置灯，车后的尾灯和速度表、转速表上的背光照明灯。

远近光灯： 打开照明开关大灯挡时，供电通过照明开关黄白色线输出至变光开关，当变光开关处于近光灯位置时，供电通过变光开关白色线输出给前照灯的近光灯灯丝；当变光开关处于远光灯位置时，供电通过变光开关黄色线输出给前照灯的远光灯灯丝，同时点亮仪表上的远光指示灯。

超车灯：打开点火开关时，变光开关的橙色线通电，按下变光开关上的超车灯开关，供电将通过黄色线输送至远光灯，实现会车闪灯（远光灯）功能。

转向信号灯：打开点火开关（ON）时，橙色点火电源线向转向继电器供电。打开左转向灯开关时，转向继电器工作，输出一定频率的间歇闪光信号，通过转向灯开关黑色线向前左转向灯和后左转向灯输出转向信号，左转向灯闪烁；打开右转向灯开关时，通过转向灯开关浅绿色线向前右转向灯和后右转向灯输出转向信号，右转向灯闪烁。

三、仪表与防盗系统

豪爵银豹 HJ125-7D 跨骑摩托车的仪表与防盗系统电路如图 3-43 所示。

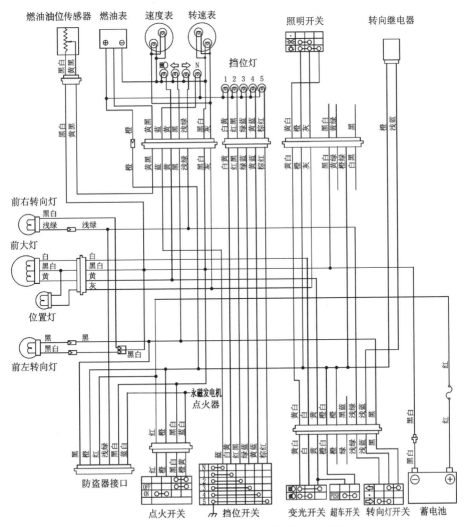

图 3-43　HJ125-7D 仪表与防盗系统电路图

　　打开点火开关后，仪表的橙色线通电，燃油表、挡位灯进入工作状态。挡位开关通过控制相应挡位的指示灯的负极接地来点亮挡位灯。

第十二节　铃木钻豹 HJ125K-A 跨骑摩托车电路图

一、充电与启动系统（电启动）

　　铃木钻豹 HJ125K-A 跨骑摩托车的充电与启动系统（电启动）电路如图 3-44 所示。

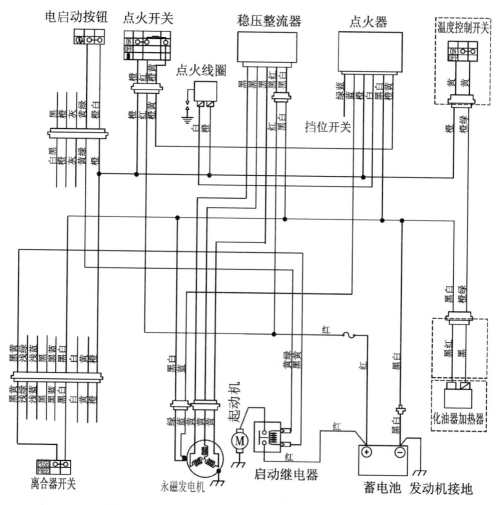

图 3-44　HJ125K-A 充电与启动系统（电启动）电路图

打开点火开关时，点火开关橙色线向全车电器供电。按下电启动按钮时，点火电源通过黄绿色线向启动继电器电磁线圈一端供电。握住离合器手柄（离合器分离）时，离合器开关闭合，给启动继电器电磁线圈提供接地回路，电流流过电磁线圈，启动继电器吸合，蓄电池向起动机（红色粗线）供电，起动机运转以启动发动机。

对于电启动车辆，点火线圈供电取自橙色线。点火器通过永磁发电机上的位置线圈检测曲轴位置，然后通过白色线向点火线圈发出点火信号。

发动机自行运转后，带动永磁发电机发电，电流通过稳压整流器整流稳压后，向整车电气系统供电，多余的电能则给摩托车蓄电池充电。

二、充电与启动系统（电启动与脚启动）

铃木钻豹 HJ125K-A 的充电与启动系统（电启动与脚启动）电路如图 3-45 所示。

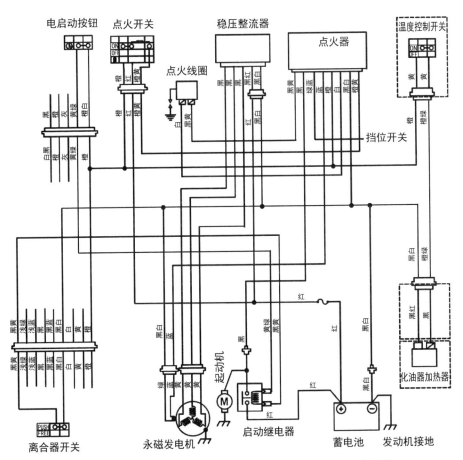

图 3-45 HJ125K-A 充电与启动系统（电启动与脚启动）电路图

对于同时具备电启动和脚启动的车辆，点火线圈的供电来自点火器黑黄色线。点火器通过永磁发电机上的位置线圈检测曲轴位置，然后通过白色线向点火线圈发出点火信号。

三、照明与信号系统

铃木钻豹 HJ125K-A 跨骑摩托车的照明与信号系统电路如图 3-46 所示。

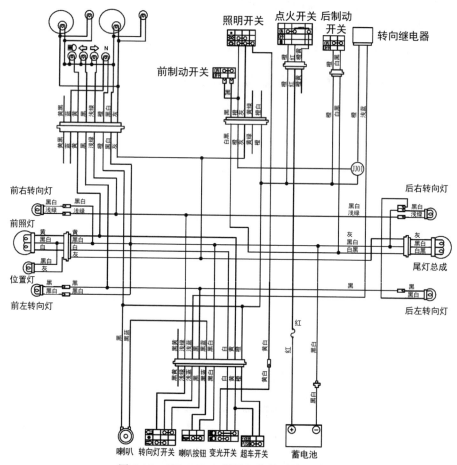

图 3-46　HJ125K-A 照明与信号系统电路图

小灯：打开点火开关及照明开关小灯挡时，小灯电源通过照明开关引出的灰色线输出，点亮车头前部的位置灯，车后的尾灯和速度表、转速表上的背光照明灯。

远近光灯：打开照明开关大灯挡时，供电通过照明开关黄白色线输出至变光开关，当变光开关处于近光灯位置时，供电通过变光开关白色线输出给前照灯的近光灯灯丝；当变光开关处于远光灯位置时，供电通过变光开关黄色线输出给前照灯的远光灯灯丝，同时点亮仪表上的远光指示灯。

超车灯：打开点火开关时，变光开关的橙色线通电，按下超车开关，供电将通过黄色线输送至远光灯，实现会车闪灯（远光灯）功能。

转向信号灯：打开点火开关（ON）时，橙色点火电源线向转向继电器供电。打开左转向灯开关时，转向继电器工作，输出一定频率的间歇闪光信号，通过转向灯开关黑色线向前左转向灯和后左转向灯输出转向信号，左转向灯闪烁；打开右转向灯开关时，通过转向灯开关浅绿色线向前右转向灯和后右转向灯输出转向信号，右转向灯闪烁。

四、仪表与防盗系统

铃木钻豹 HJ125K-A 跨骑摩托车的仪表与防盗系统电路如图 3-47 所示。

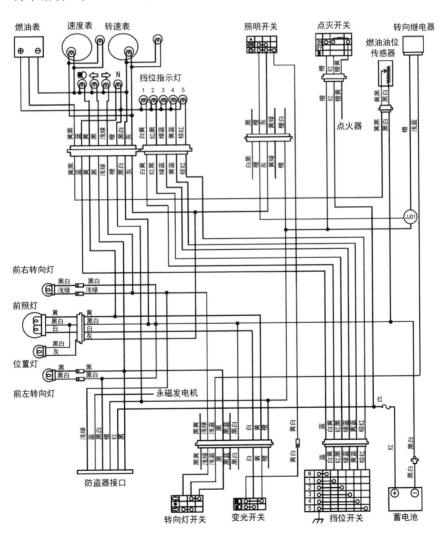

图 3-47　HJ125K-A 仪表与防盗系统电路图

第十三节　铃木锐爽 EN150 跨骑摩托车电路图

一、充电与启动系统

铃木锐爽 EN150 跨骑摩托车的充电与启动系统电路如图 3-48 所示。

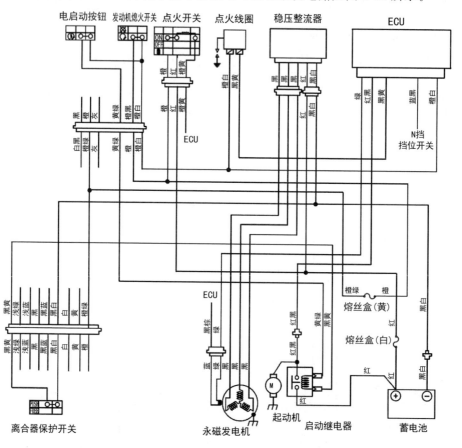

图 3-48　EN150 充电与启动系统电路图

打开点火开关时，点火开关橙色线向全车电器供电。发动机熄火开关闭合时，橙白色线通电。按下电启动按钮，点火电源通过黄绿色线向启动继电器电磁线圈一端供电。握住离合器手柄（离合器分离）时，离合器保护开关闭合，启动继电器吸合，蓄电池向起动机（红色粗线）供电，起动机运转以启动发动机。按下发动机熄火开关时，熄火开关断开，橙白色线断电，ECU 和点火线圈因无供电而停止工作，发动机熄火。

二、照明与信号系统

铃木锐爽 EN150 跨骑摩托车的照明与信号系统电路如图 3-49 所示。

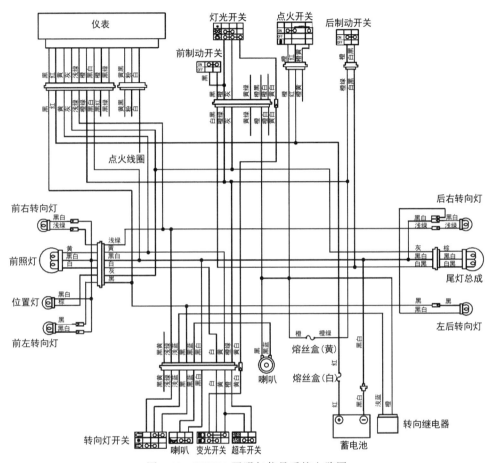

图 3-49　EN150 照明与信号系统电路图

照明与信号系统由点火电源通过黄色保险丝盒和橙绿色导线供电。

小灯：打开点火开关及灯光开关小灯挡时，小灯电源通过灯光开关引出的灰色线输出，点亮车头前部的位置灯、车后的尾灯和仪表上的背光照明灯。

远近光灯：打开灯光开关大灯挡时，供电通过灯光开关黄白色线输出至变光开关，当变光开关处于近光灯位置时，供电通过变光开关白色线输出给前照灯的近光灯灯丝；当变光开关处于远光灯位置时，供电通过变光开关黄色线输出给前照灯的远光灯灯丝，同时点亮仪表上的远光指示灯。

超车灯：打开点火开关时，超车开关的橙色线通电，按下超车开关，供电将通过黄色线输送至远光灯，实现会车闪灯（远光灯）功能。

转向信号灯：打开点火开关（ON）时，橙色点火电源线向转向继电器供电。打开左转向灯开关时，转向继电器工作，输出一定频率的间歇闪光信号，通过转向灯开关黑色线向前左转向灯和后左转向灯输出转向信号，左转向灯闪烁；打开右转向灯开关时，通过转向灯开关浅绿色线向前右转向灯和后右转向灯输出转向信号，右转向灯闪烁。

三、仪表与防盗系统

铃木锐爽 EN150 跨骑摩托车的仪表与防盗系统电路如图 3-50 所示。

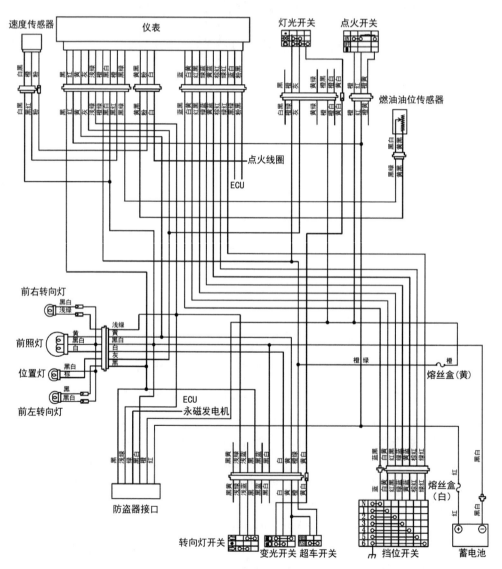

图 3-50　EN150 仪表与防盗系统电路图

四、发动机电控系统

铃木锐爽 EN150 跨骑摩托车的发动机电控系统电路如图 3-51 所示。

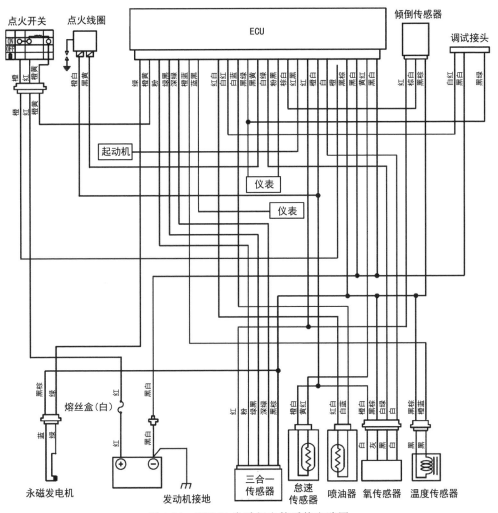

图 3-51　EN150 发动机电控系统电路图

打开点火开关时，点火电源通过橙色线向发动机 ECU 供电。ECU 采集发动机各传感器信号，计算喷油和点火时刻，控制各执行器工作。

由 ECU 引出的黑棕色线为各传感器共用负极，红色线和橙白色线向各传感器供电。三合一传感器包括节气门位置传感器（TPS）、进气压力传感器（MAP）、进气温度传感器（AT）。当 ECU 通过倾斜传感器检测到车辆倾倒时，发动机将会熄火。

第十四节　豪爵悦冠 HJ150-6C 跨骑摩托车电路图

一、充电与启动系统

豪爵悦冠 HJ150-6C 跨骑摩托车的充电与启动系统电路如图 3-52 所示。

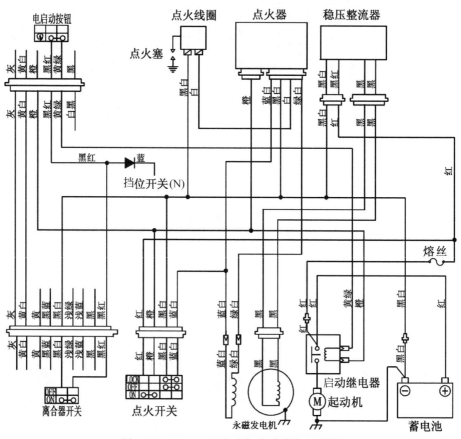

图 3-52　HJ150-6C 充电与启动系统电路图

　　打开点火开关时，点火电源通过点火开关橙色线向点火器和启动继电器供电。按下电启动按钮，且握住离合器手柄（离合器开关闭合），或挡位开关处于 N 挡时，启动继电器电磁线圈的另一端（黄绿色线）与蓄电池负极回路相通，启动继电器吸合，蓄电池向起动机（红色粗线）供电，起动机运转以启动发动机。关闭点火开关时，点火开关的黑白色线（负极）与蓝白色线相通，使点火器不再控制点火线圈跳火，发动机熄火。

发动机自行运转后，带动永磁发电机发电，电流通过稳压整流器整流稳压后，向整车电气系统供电，多余的电能则给摩托车蓄电池充电。

二、照明与信号系统

豪爵悦冠 HJ150-6C 跨骑摩托车的照明与信号系统电路如图 3-53 所示。

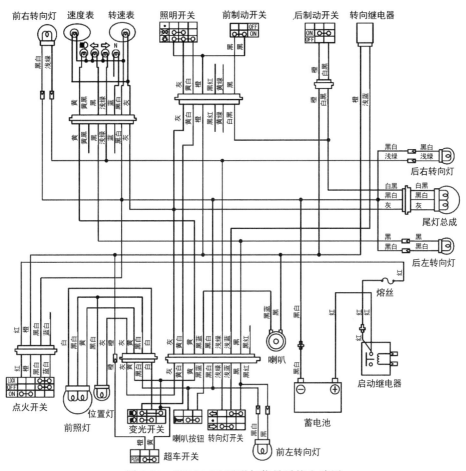

图 3-53　HJ150-6C 照明与信号系统电路图

小灯：打开点火开关及灯光开关小灯挡时，小灯电源通过灯光开关引出的灰色线输出，点亮车头前部的位置灯、车后的尾灯和仪表上的背光照明灯。

远近光灯：打开灯光开关大灯挡时，供电通过灯光开关黄白色线输出至变光开关，当变光开关处于近光灯位置时，供电通过变光开关白色线输出给前照灯的近光灯灯丝；当变光开关处于远光灯位置时，供电通过变光开关黄色线输出给前照灯的远光灯灯丝，同时点亮仪表上的远光指示灯。

超车灯：打开点火开关时，超车开关的橙色线通电，按下超车开关，供电将通过黄色线输送至远光灯，实现会车闪灯（远光灯）功能。

转向信号灯：打开点火开关（ON）时，橙色点火电源线向转向继电器供电。打开左转向灯开关时，转向继电器工作，输出一定频率的间歇闪光信号，通过转向灯开关黑色线向前左转向灯和后左转向灯输出转向信号，左转向灯闪烁；打开右转向灯开关时，通过转向灯开关浅绿色线向前右转向灯和后右转向灯输出转向信号，右转向灯闪烁。

三、仪表与防盗系统

豪爵悦冠 HJ150-6C 跨骑摩托车的仪表与防盗系统电路如图 3-54 所示。

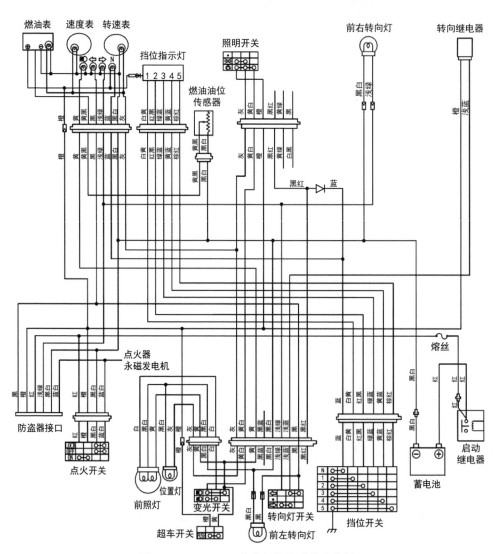

图 3-54　HJ150-6C 仪表与防盗系统电路图

打开点火开关后，仪表的橙色线通电，燃油表、挡位灯进入工作状态。挡位开关通过控制相应挡位的指示灯的负极接地来点亮挡位灯。燃油油位传感器检测油箱剩余油量，并通过仪表上的燃油表显示出来。

第十五节　铃木悦酷 GZ150-A 跨骑摩托车路图

一、充电与启动系统

铃木悦酷 GZ150-A 跨骑摩托车的充电与启动系统电路如图 3-55 所示。

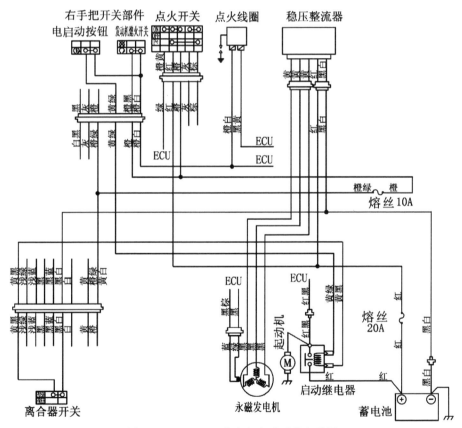

图 3-55　GZ150-A 充电与启动系统电路图

打开点火开关时，点火开关橙色线向全车电器供电。发动机熄火开关闭合时，点火电源通过橙白色线向电启动按钮、点火线圈及 ECU 供电。按下电启动按钮，黄绿色线向启动继电器电磁线圈一端供电。握住离合器手柄（离合器分离）时，离合器开关闭合，黄黑线与负极相通，启动继电器吸合，蓄电池向起动机（红色粗线）供电，起动机运转以启动发动机。按下发动机熄火开关时，熄火开关断开，橙白色线断电，ECU 和点火线圈因无供电而停止工作，发动机熄火。

二、照明与信号系统

铃木悦酷 GZ150-A 跨骑摩托车的照明与信号系统电路如图 3-56 所示。

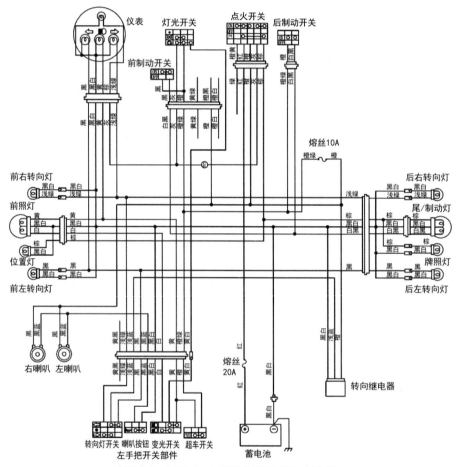

图 3-56　GZ150-A 照明与信号系统电路图

照明与信号系统由点火电源通过 10A 熔丝和橙绿色导线供电。

小灯：打开点火开关及灯光开关小灯挡时，小灯电源通过灯光开关灰色线输出，点亮仪表上的背光照明灯，并通过点火开关的棕色线向车头前部的位置灯、车后的尾灯供电。

远近光灯：打开灯光开关大灯挡时，供电通过灯光开关黄白色线输出至变光开关，当变光开关处于近光灯位置时，供电通过变光开关白色线输出给前照灯的近光灯灯丝；当变光开关处于远光灯位置时，供电通过变光开关黄色线输出给前照灯的远光灯灯丝，同时点亮仪表上的远光指示灯。

超车灯：打开点火开关时，超车开关的橙色线通电，按下超车开关，供电将通过黄色线输送至远光灯，实现会车闪灯（远光灯）功能。

转向信号灯：打开点火开关（ON）时，橙色点火电源线向转向继电器供电。打开左转向灯开关时，转向继电器工作，输出一定频率的间歇闪光信号，通过转向灯开关黑色线向前左转向灯和后左转向灯输出转向信号，左转向灯闪烁；打开右转向灯开关时，通过转向灯开关浅绿色线向前右转向灯和后右转向灯输出转向信号，右转向灯闪烁。

三、仪表与防盗系统

铃木悦酷 GZ150-A 跨骑摩托车的仪表与防盗系统电路如图 3-57 所示。

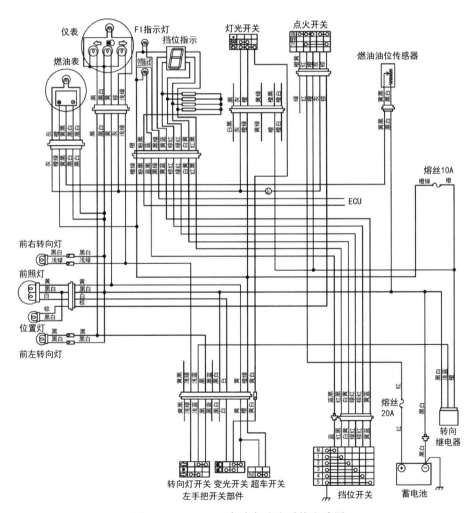

图 3-57　GZ150-A 仪表与防盗系统电路图

四、发动机电控系统

铃木悦酷 GZ150-A 跨骑摩托车的发动机电控系统电路如图 3-58 所示。

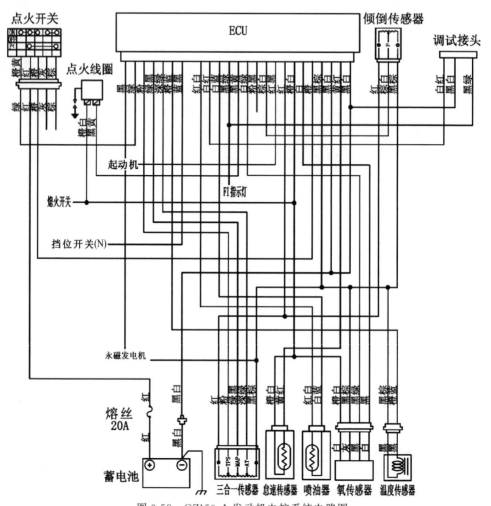

图 3-58　GZ150-A 发动机电控系统电路图

打开点火开关，且熄火开关闭合时，点火电源通过橙白色线向点火线圈和发动机 ECU 供电。ECU 采集发动机各传感器信号，计算喷油和点火时刻，控制各执行器工作。

由 ECU 引出的黑棕色线为各传感器共用负极，红色线和橙白色线向各传感器供电。三合一传感器包括节气门位置传感器（TPS）、进气压力传感器（MAP）、进气温度传感器（AT）。当 ECU 通过倾斜传感器检测到车辆倾倒时，发动机将会熄火。

第十六节　铃木骊驰 GW250 跨骑摩托车路图

一、充电与启动系统

铃木骊驰 GW250 跨骑摩托车的充电与启动系统电路如图 3-59 所示。

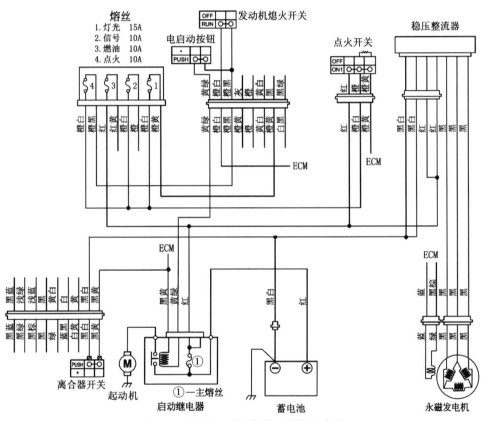

图 3-59　GW250 充电与启动系统电路图

　　打开点火开关时，点火开关橙色线向 4 个熔丝供电，然后通过 4 号点火熔丝和橙黑色线向发动机熄火开关、电启动按钮供电。发动机熄火开关闭合时，点火电源通过橙白色线向点火线圈、ECM 供电。按下电启动按钮，黄绿色线向启动继电器电磁线圈一端供电。握住离合器手柄断开离合器时，离合器开关闭合，黄黑线与负极相通，启动继电器吸合，蓄电池向起动机（红色粗线）供电，起动机运转以启动发动机。按下发动机熄火开关时，熄火开关断开，橙白色线断电，ECU 和点火线圈因无供电而停止工作，发动机熄火。

二、照明与信号系统

铃木骊驰 GW250 跨骑摩托车的照明与信号系统电路如图 3-60 所示。

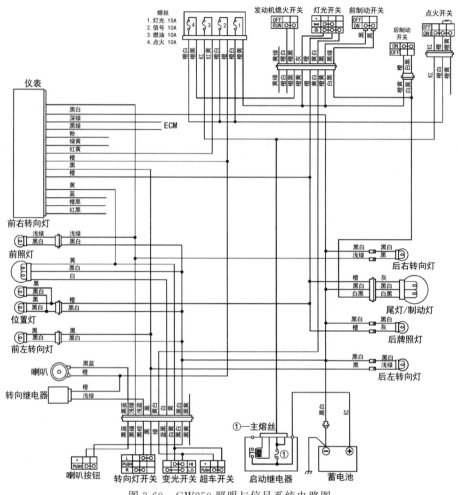

图 3-60　GW250 照明与信号系统电路图

照明与信号系统由点火电源（打开点火开关）分别通过 1 号和 2 号熔丝供电。

小灯：打开点火开关及灯光开关小灯挡时，小灯电源通过灯光开关橙色线输出，点亮车头前部的位置灯、车后的尾灯、后牌照灯和仪表上的背光照明灯。

远近光灯：打开灯光开关大灯挡时，供电通过灯光开关黄白色线输出至变光开关和超车开关。当变光开关处于近光灯位置时，供电通过变光开关蓝黑色线、插接器、白色线输出给前照灯的近光灯灯丝；当变光开关处于远光灯位置时，供电通过变光开关白黄色线、插接器、黄色线输出给前照灯的远光灯灯丝，同时点亮仪表上的远光指示灯。

超车灯：打开点火开关和灯光开关时，超车开关的绿色线通电，按下超车开关，点亮远光灯，实现会车闪灯功能。

转向信号灯：打开点火开关（ON）时，橙色点火电源线向转向继电器和喇叭供电。打开左转向灯开关时，转向继电器工作，输出一定频率的间歇闪光信号，通过转向灯开关黑色线向前左和后左转向灯输出转向信号，左转向灯闪烁；打开右转向灯开关时，通过转向灯开关浅绿色线向前右和后右转向灯输出转向信号，右转向灯闪烁。

三、仪表与防盗系统

铃木骊驰 GW250 跨骑摩托车的仪表与防盗系统电路如图 3-61 所示。

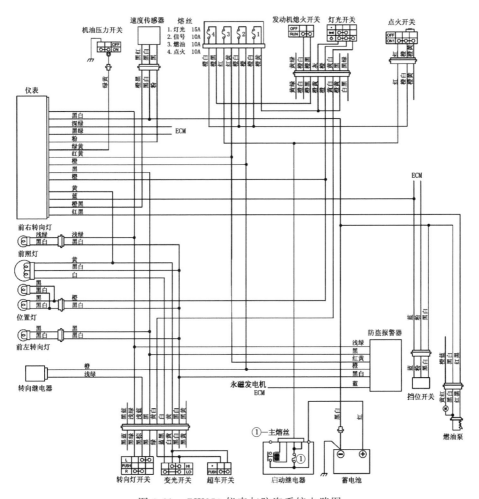

图 3-61　GW250 仪表与防盗系统电路图

四、发动机电控系统

铃木骊驰 GW250 跨骑摩托车的发动机电控系统电路如图 3-62 所示。

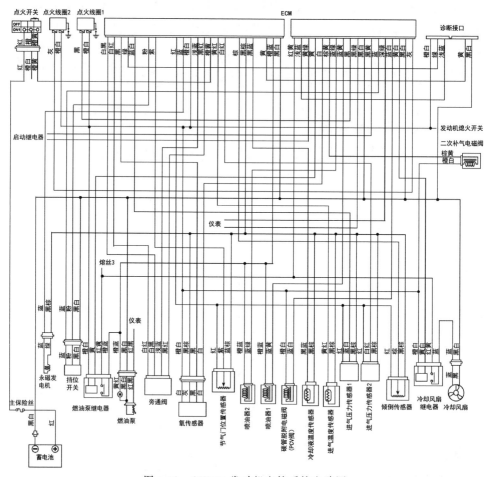

图 3-62　GW250 发动机电控系统电路图

铃木骊驰 GW250 跨骑摩托车采用的是双缸水冷电喷发动机。打开点火开关，且熄火开关闭合时，点火电源通过橙白色线向点火线圈、燃油泵继电器、氧传感器、PCV 阀、二次补气阀、冷却风扇继电器和发动机 ECM 供电。ECU 采集发动机各传感器信号，计算喷油和点火时刻，控制各执行器工作。

点火电源通过 3 号熔丝向燃油泵继电器、冷却风扇继电器和 ECM 供电。ECM 引出的黑棕色线为各传感器共用负极，红色线和橙白色线向各传感器供电。ECM 引出橙蓝色线为喷油器和燃油泵供电。当 ECU 通过倾倒传感器检测到车辆倾倒时，发动机将会熄火。

第四章

光阳摩托车电路图

第一节 动丽 G150 踏板摩托车电路图

一、充电与启动系统

动丽 G150（CK150T-15）踏板摩托车的充电与启动系统电路如图 4-1 所示。

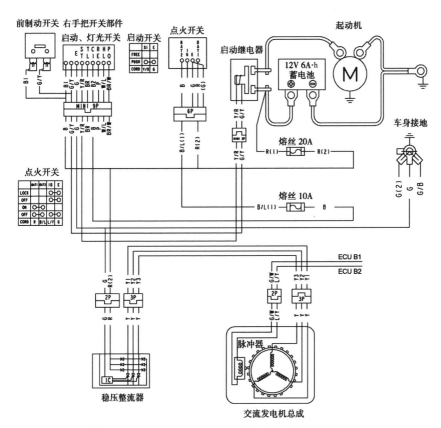

图 4-1 G150（CK150T-15）充电与启动系统电路图

二、照明与信号系统

动丽 G150（CK150T-15）踏板摩托车的照明与信号系统电路如图 4-2 所示。

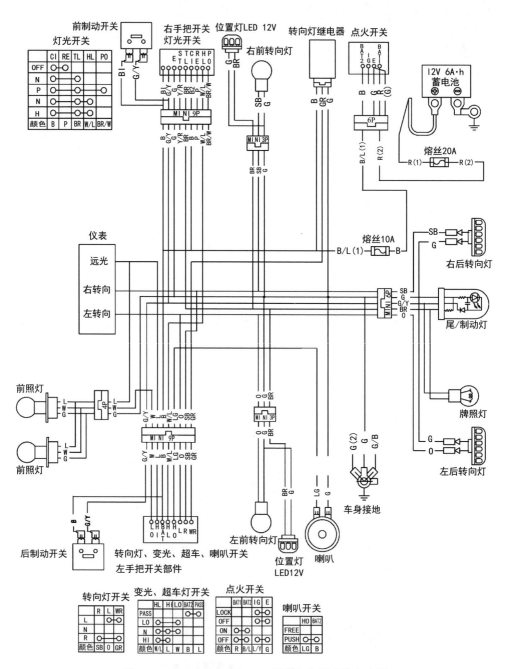

图 4-2　G150（CK150T-15）照明与信号系统电路图

三、仪表系统

动丽 G150（CK150T-15）踏板摩托车的仪表系统电路如图 4-3 所示。

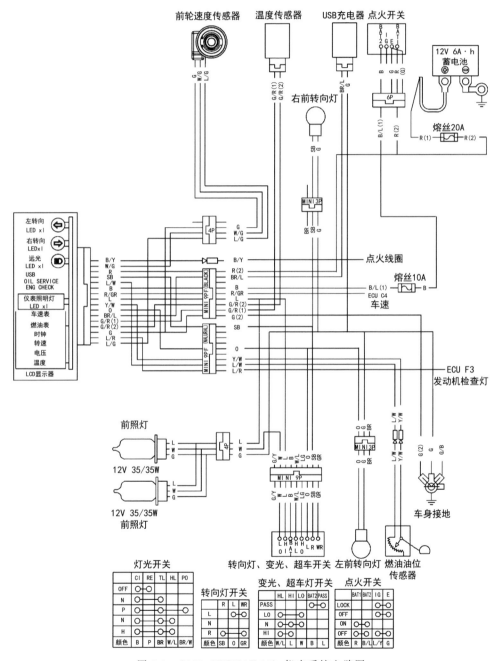

图 4-3　G150（CK150T-15）仪表系统电路图

四、发动机电控系统

动丽 G150（CK150T-15）踏板摩托车的发动机电控系统电路如图 4-4 所示。

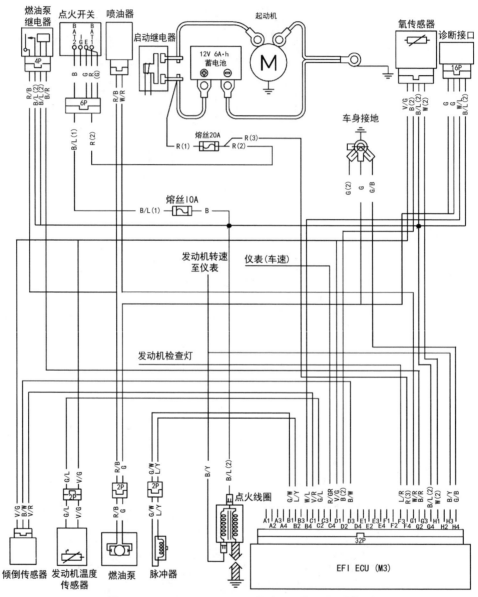

图 4-4　G150（CK150T-15）发动机电控系统电路图

打开点火开关时，点火电源向点火线圈、氧传感器和发动机 ECU 供电。ECU 采集发动机各传感器信号，计算喷油和点火时刻，控制各执行器工作。

第二节　Any Like Q 150 CBS 踏板摩托车电路图

一、充电与启动系统

Any Like Q 150 CBS（CK150T-13）踏板摩托车的充电与启动系统电路如图 4-5 所示。

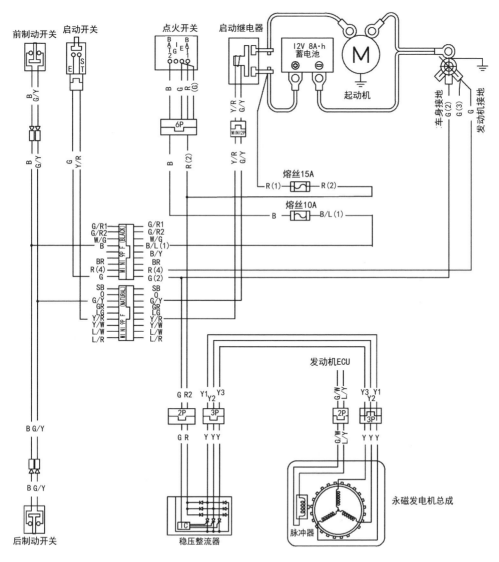

图 4-5　Any Like Q 150 CBS（CK150T-13）充电与启动系统电路图

二、照明与信号系统

Any Like Q 150 CBS（CK150T-13）踏板摩托车的照明与信号系统电路如图 4-6 所示。

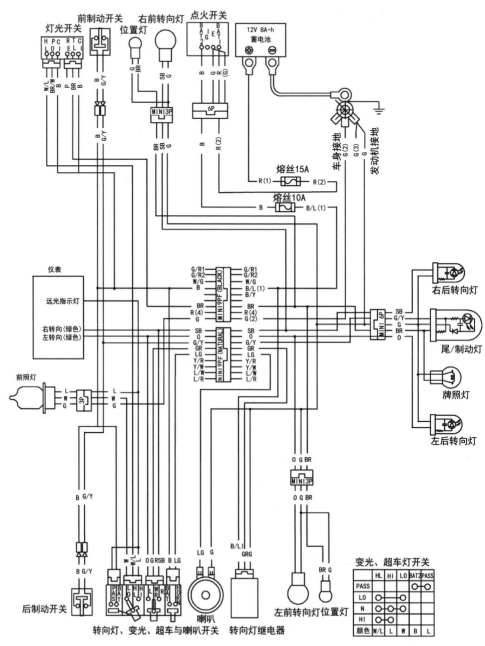

图 4-6　Any Like Q 150 CBS（CK150T-13）照明与信号系统电路图

三、仪表系统

Any Like Q 150 CBS（CK150T-13）踏板摩托车的仪表系统电路如图 4-7 所示。

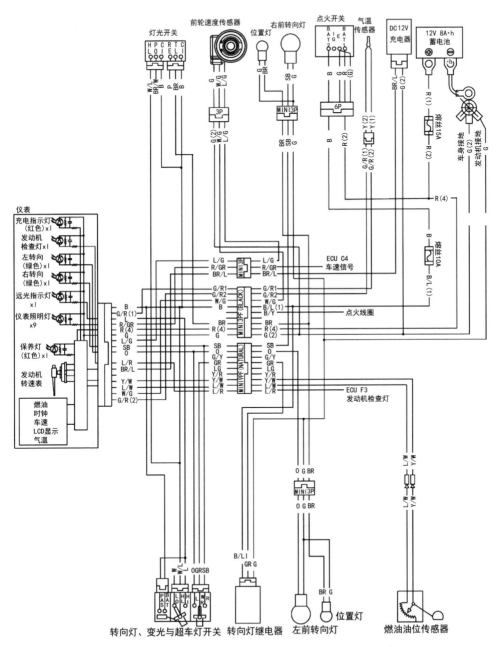

图 4-7　Any Like Q 150 CBS（CK150T-13）仪表系统电路图

四、发动机电控系统

Any Like Q 150 CBS（CK150T-13）踏板摩托车的发动机电控系统电路如图 4-8 所示。

打开点火开关时，点火电源向点火线圈、氧传感器和发动机 ECU 供电。ECU 采集发动机各传感器信号，计算喷油和点火时刻，控制各执行器工作。

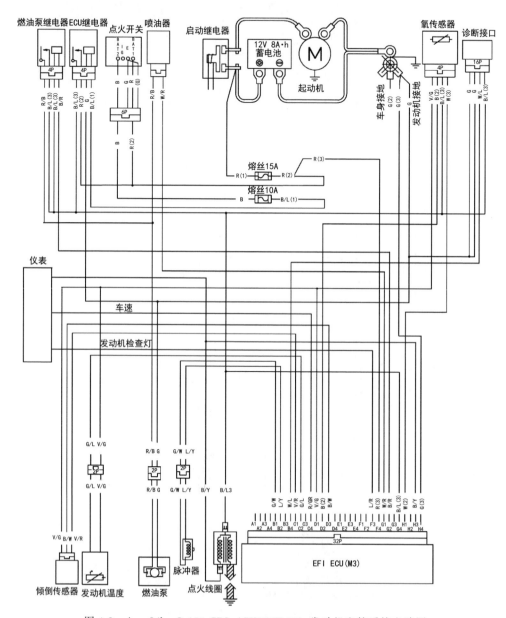

图 4-8　Any Like Q 150 CBS（CK150T-13）发动机电控系统电路图

第三节　Any Like Q 150 ABS 踏板摩托车电路图

一、充电与启动系统

Any Like Q 150 ABS（CK150T-13）踏板摩托车的充电与启动系统电路如图 4-9 所示。

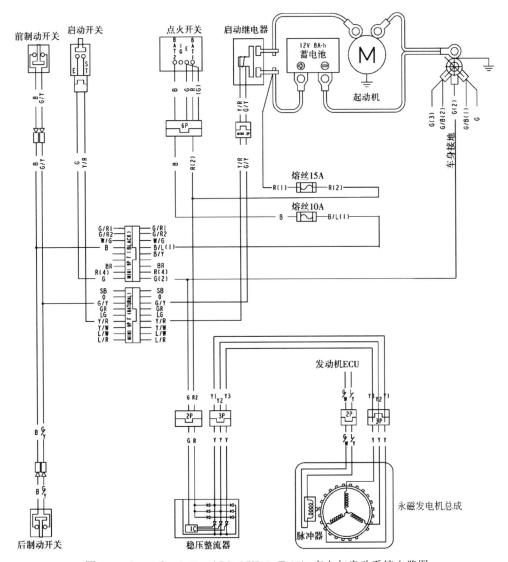

图 4-9　Any Like Q 150 ABS（CK150T-13）充电与启动系统电路图

二、照明与信号系统

Any Like Q 150 ABS（CK150T-13）踏板摩托车的照明与信号系统电路如图 4-10 所示。

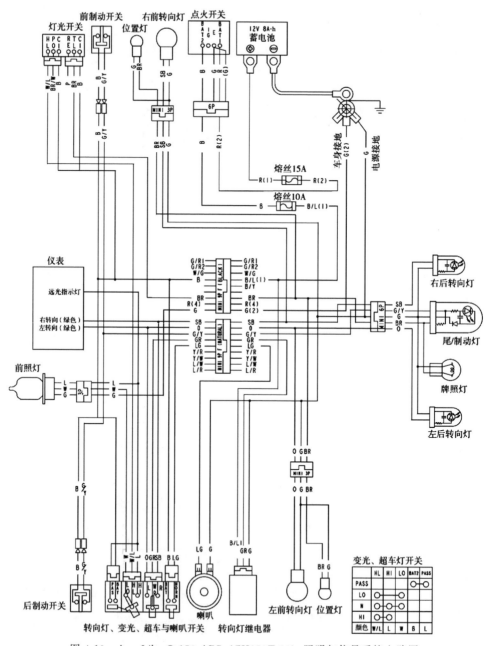

图 4-10　Any Like Q 150 ABS（CK150T-13）照明与信号系统电路图

三、仪表系统

Any Like Q 150 ABS（CK150T-13）踏板摩托车的仪表系统电路如图 4-11 所示。

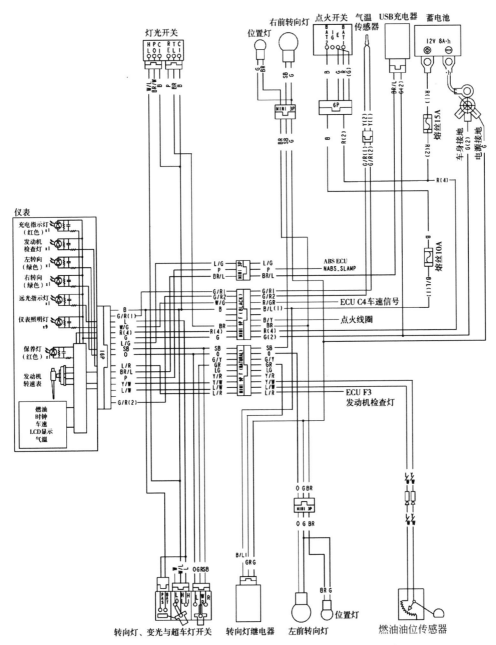

图 4-11　Any Like Q 150 ABS（CK150T-13）仪表系统电路图

四、发动机电控系统

Any Like Q 150 ABS（CK150T-13）踏板摩托车的发动机电控系统电路如图 4-12 所示。

打开点火开关时，点火电源向点火线圈、氧传感器和发动机 ECU 供电。ECU 采集发动机各传感器信号，计算喷油和点火时刻，控制各执行器工作。

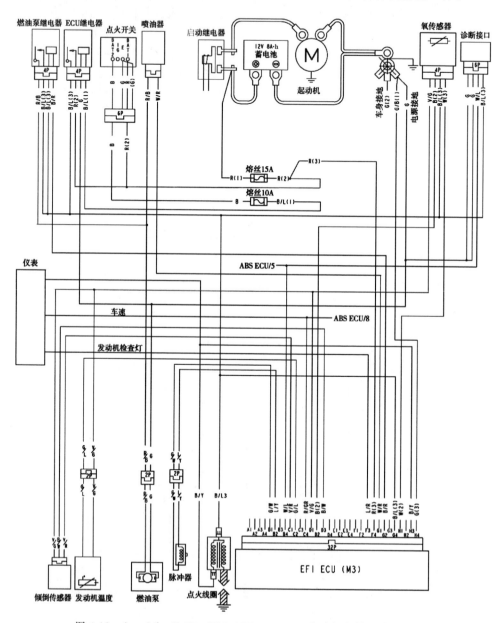

图 4-12　Any Like Q 150 ABS（CK150T-13）发动机电控系统电路图

五、制动防抱死系统（ABS）

Any Like Q 150 ABS（CK150T-13）踏板摩托车的 ABS 系统电路如图 4-13 所示。ABS 系统的作用是在车辆紧急制动时，ABS ECU 实时检测车轮速度，防止车轮抱死，从而缩短制动距离，并防止车辆打滑导致的方向失控。

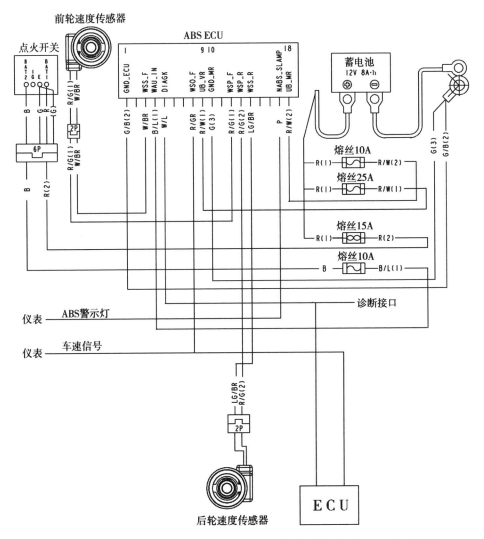

图 4-13　Any Like Q 150 ABS（CK150T-13）制动防抱死系统（ABS）电路图

打开点火开关时，点火电源通过电路图中最下面的 10A 熔丝唤醒 ABS ECU，系统进入工作状态。ABS ECU 通过比对车速和两个车轮的轮速来分析车辆滑移率，然后通过液压泵和液压阀，调节制动器的液压制动力，来防止车轮制动时打滑。

第四节 新弯道 150（CK150T-10B）踏板摩托车电路图

一、充电与启动系统

新弯道 150（CK150T-10B）踏板摩托车的充电与启动系统电路如图 4-14 所示。

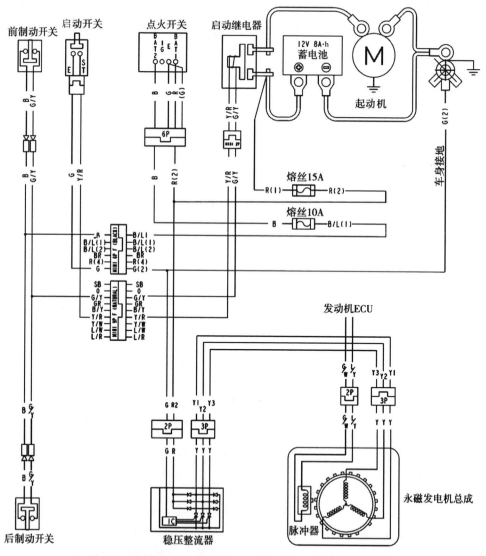

图 4-14 新弯道 150（CK150T-10B）充电与启动系统电路图

二、仪表、照明与信号系统

新弯道 150（CK150T-10B）踏板摩托车的仪表、照明与信号系统电路如图 4-15 所示。

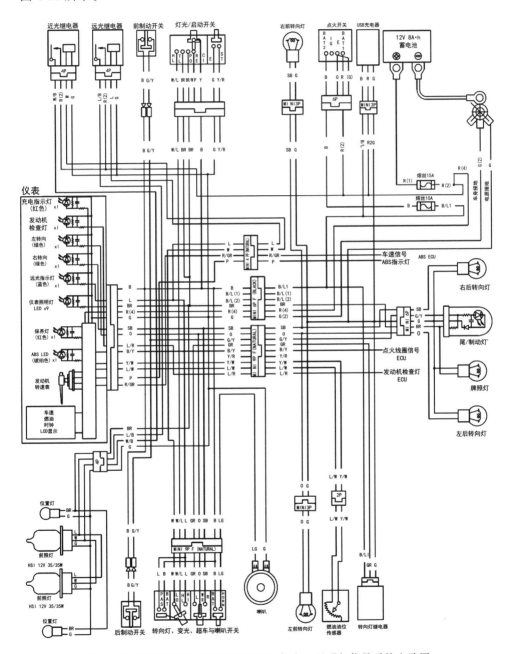

图 4-15　新弯道 150（CK150T-10B）仪表、照明与信号系统电路图

三、发动机电控系统

新弯道 150 （CK150T-10B）踏板摩托车的发动机电控系统电路如图 4-16 所示。

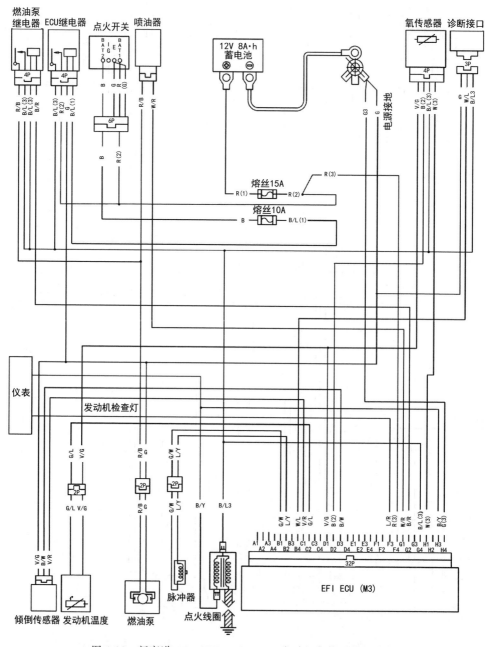

图 4-16　新弯道 150 （CK150T-10B）发动机电控系统电路图

四、制动防抱死系统（ABS）

新弯道 150（CK150T-10B）踏板摩托车的 ABS 系统电路如图 4-17 所示。

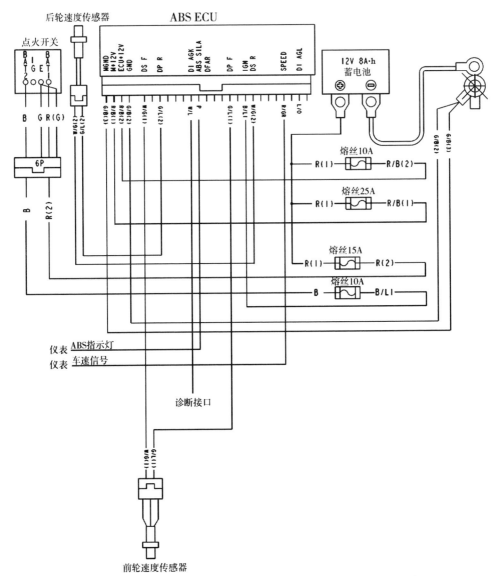

图 4-17　新弯道 150（CK150T-10B）制动防抱死系统（ABS）电路图

　　打开点火开关时，点火电源通过电路图中最下面的 10A 熔丝唤醒 ABS ECU，系统进入工作状态。在车辆紧急制动时，ABS ECU 通过比对车速和两个车轮的轮速来分析车辆滑移率，然后通过液压泵和液压阀，调节制动器的液压制动力，来防止车轮抱死。

第五节　赛艇 CT250 踏板摩托车电路图

一、充电与启动系统

赛艇 CT250 踏板摩托车的充电与启动系统电路如图 4-18 所示。

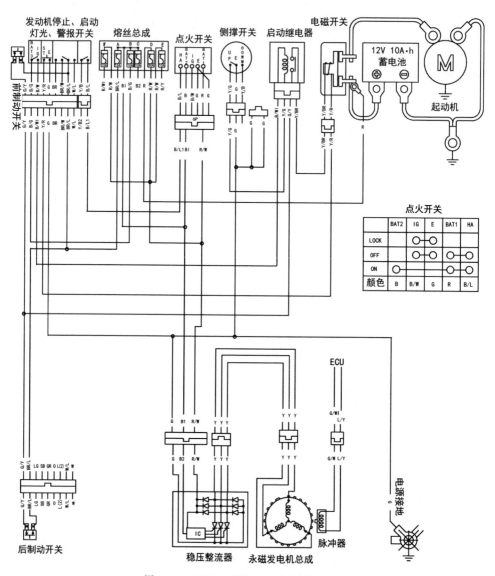

图 4-18　CT250 充电与启动系统电路图

二、照明与信号系统

赛艇 CT250 踏板摩托车的照明与信号系统电路如图 4-19 所示。

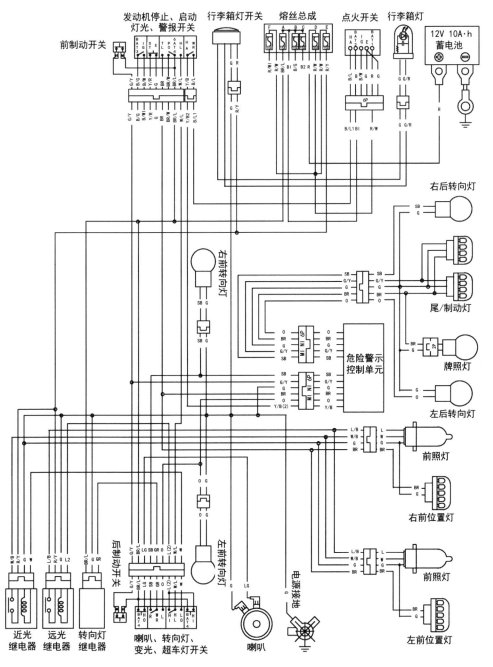

图 4-19　CT250 照明与信号系统电路图

三、仪表系统

赛艇 CT250 踏板摩托车的仪表系统电路如图 4-20 所示。

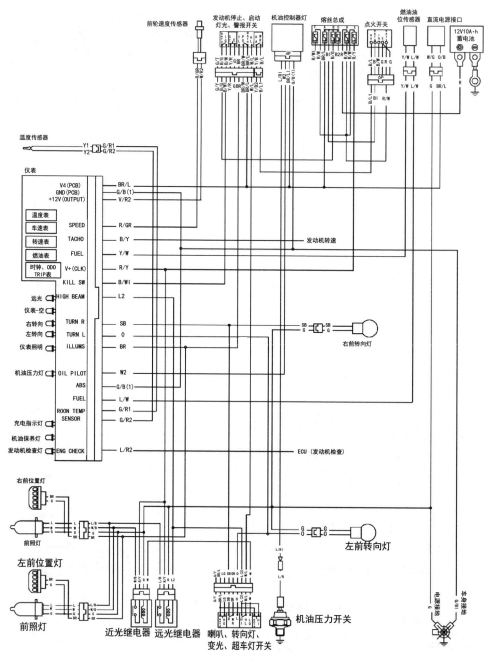

图 4-20　CT250 仪表系统电路图

四、发动机电控系统

赛艇 CT250 踏板摩托车的发动机电控系统电路如图 4-21 所示。

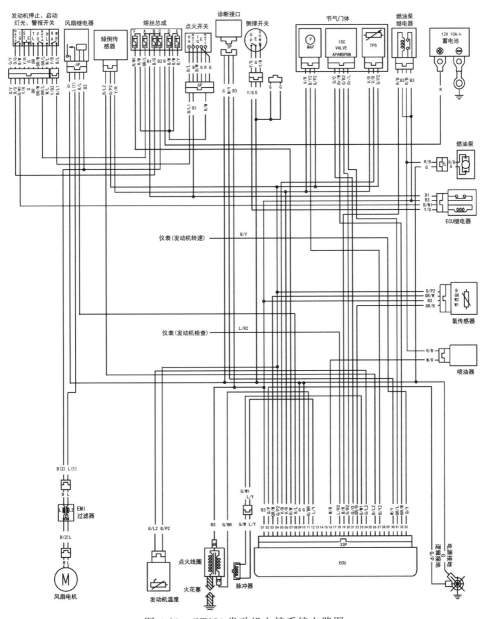

图 4-21 CT250 发动机电控系统电路图

打开点火开关时，ECU 继电器向点火线圈、氧传感器和发动机 ECU 供电。ECU 采集发动机各传感器时刻，计算喷油和点火时刻，控制各执行器工作。

第六节　赛艇 250/300 ABS 踏板摩托车电路图

一、充电与启动系统

赛艇 250/300 ABS 踏板摩托车的充电与启动系统电路如图 4-22 所示。

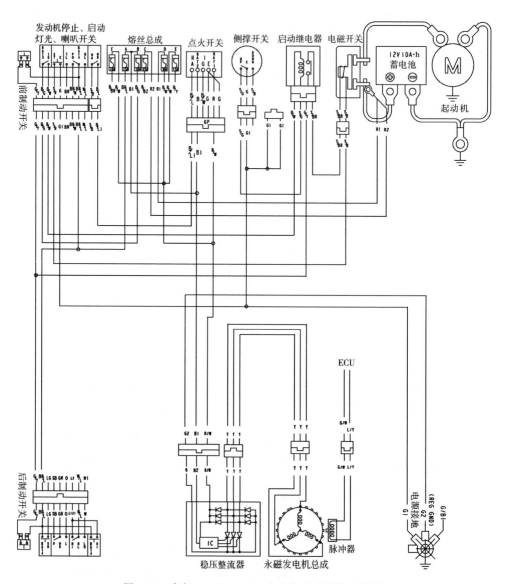

图 4-22　赛艇 250/300 ABS 充电与启动系统电路图

二、照明与信号系统

赛艇 250/300 ABS 踏板摩托车的照明与信号系统电路如图 4-23 所示。

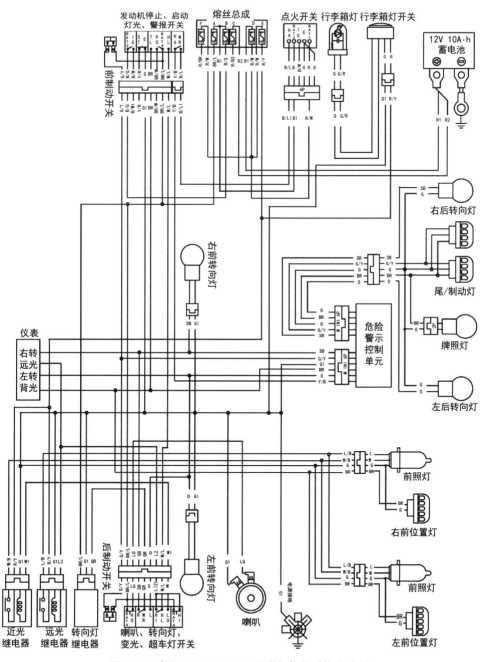

图 4-23　赛艇 250/300 ABS 照明与信号系统电路图

三、仪表系统

赛艇 250/300 ABS 踏板摩托车的仪表系统电路如图 4-24 所示。

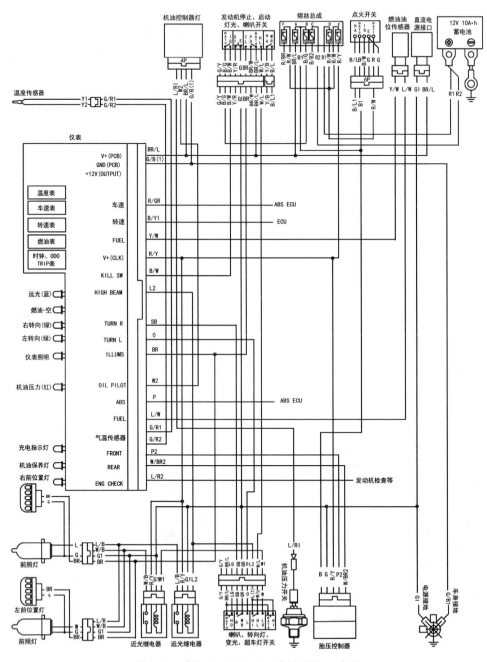

图 4-24 赛艇 250/300 ABS 仪表系统电路图

四、发动机电控系统

赛艇 250/300 ABS 踏板摩托车的发动机电控系统电路如图 4-25 所示。

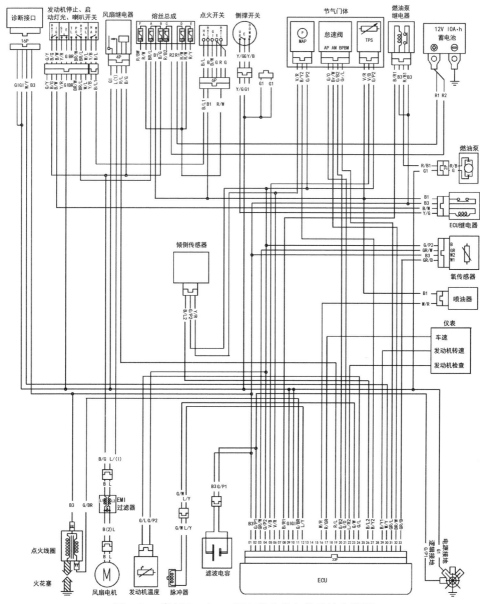

图 4-25　赛艇 250/300 ABS 发动机电控系统电路图

打开点火开关时，ECU 继电器向点火线圈、氧传感器和发动机 ECU 供电。ECU 采集发动机各传感器信号，计算喷油和点火信号，控制各执行器工作。

五、制动防抱死系统（ABS）

赛艇 250/300 ABS 踏板摩托车的 ABS 系统电路如图 4-26 所示。

打开点火开关时，点火电源通过电路图中的熔丝 B 唤醒 ABS ECU，系统进入工作状态。ABS ECU 通过比对车速和两个车轮的轮速来分析车辆滑移率，然后通过液压泵和液压阀，调节制动器的液压制动力，来防止车轮制动时打滑。

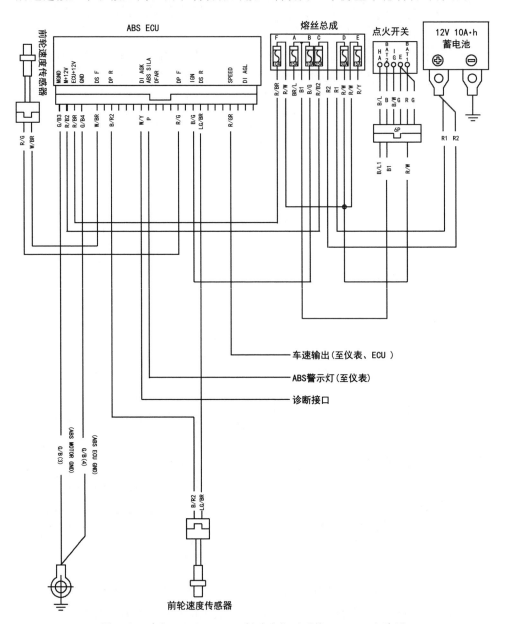

图 4-26　赛艇 250/300 ABS 制动防抱死系统（ABS）电路图

第七节　People 250 ABS 踏板摩托车电路图

一、充电与启动系统

People 250 ABS 踏板摩托车的充电与启动系统电路如图 4-27 所示。

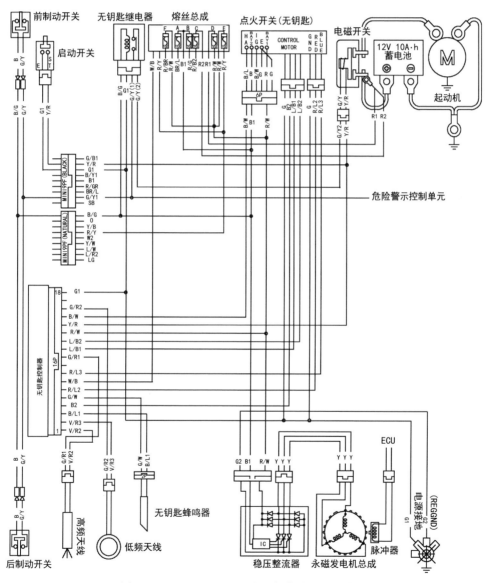

图 4-27　People 250 ABS 充电与启动系统电路图

二、照明与信号系统

People 250 ABS 踏板摩托车的照明与信号系统电路如图 4-28 所示。

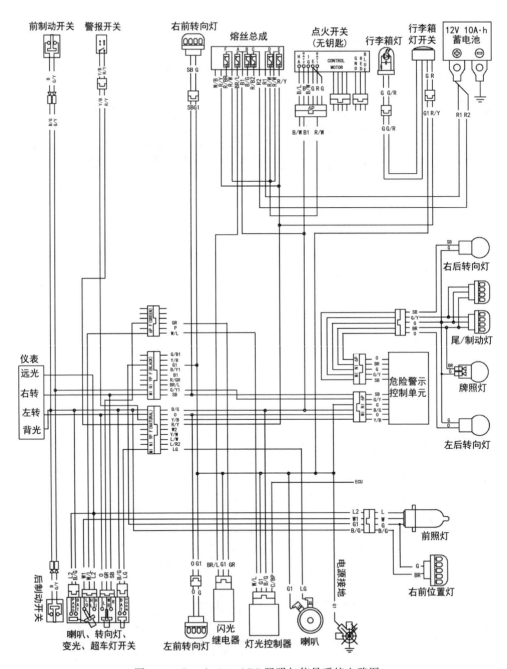

图 4-28　People 250 ABS 照明与信号系统电路图

三、仪表系统

People 250 ABS 踏板摩托车的仪表系统电路如图 4-29 所示。

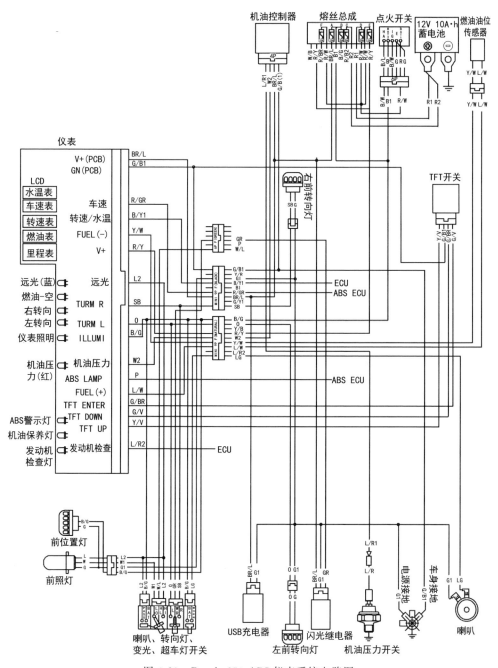

图 4-29　People 250 ABS 仪表系统电路图

四、发动机电控系统

People 250 ABS 踏板摩托车的发动机电控系统电路如图 4-30 所示。

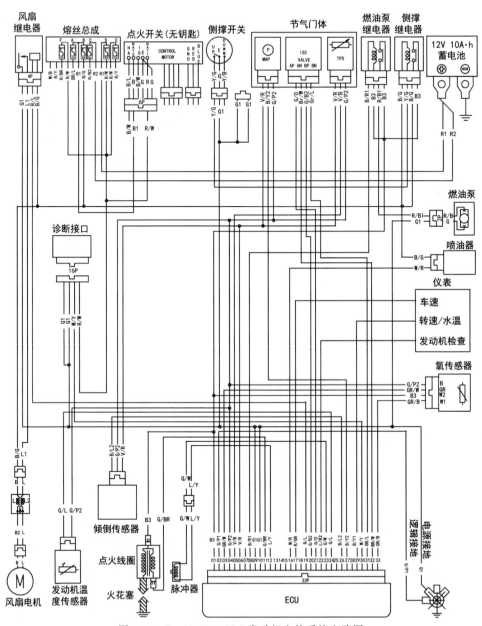

图 4-30　People 250 ABS 发动机电控系统电路图

打开点火开关，且收回摩托车侧撑时，侧撑继电器向燃油泵继电器、点火线圈、氧传感器和发动机 ECU 供电。ECU 采集发动机各传感器信号，计算喷油和点火时刻，控制各执行器工作。

五、制动防抱死系统（ABS）

People 250 ABS 踏板摩托车的 ABS 系统电路如图 4-31 所示。

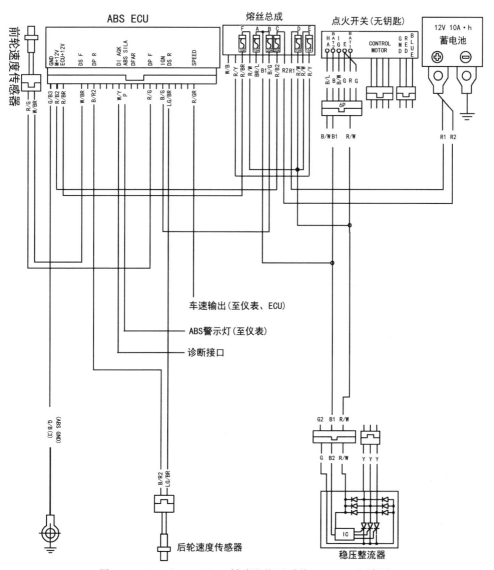

图 4-31　People 250 ABS 制动防抱死系统（ABS）电路图

打开点火开关时，点火电源通过电路图中的熔丝 B 唤醒 ABS ECU，系统进入工作状态。ABS ECU 通过比对车速和两个车轮的轮速来分析车辆滑移率，然后通过液压泵和液压阀，调节制动器的液压制动力，来防止车轮制动时打滑。

第八节　KRIDER 400 ABS 跨骑摩托车电路图

一、充电与启动系统

KRIDER 400 ABS 跨骑摩托车的充电与启动系统电路如图 4-32 所示。

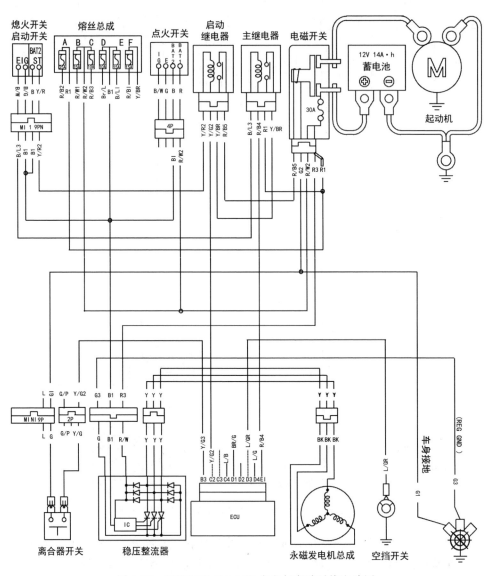

图 4-32　KRIDER 400 ABS 充电与启动系统电路图

二、照明与信号系统

KRIDER 400 ABS 跨骑摩托车的照明与信号系统电路如图 4-33 所示。

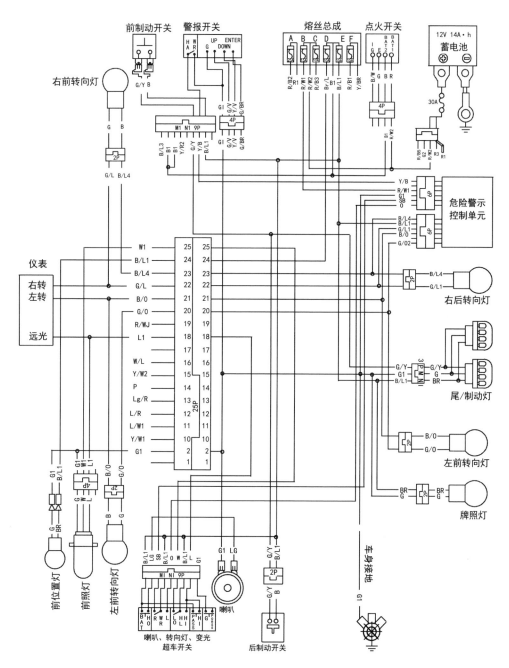

图 4-33　KRIDER 400 ABS 照明与信号系统电路图

三、仪表系统

KRIDER 400 ABS 跨骑摩托车的仪表系统电路如图 4-34 所示。

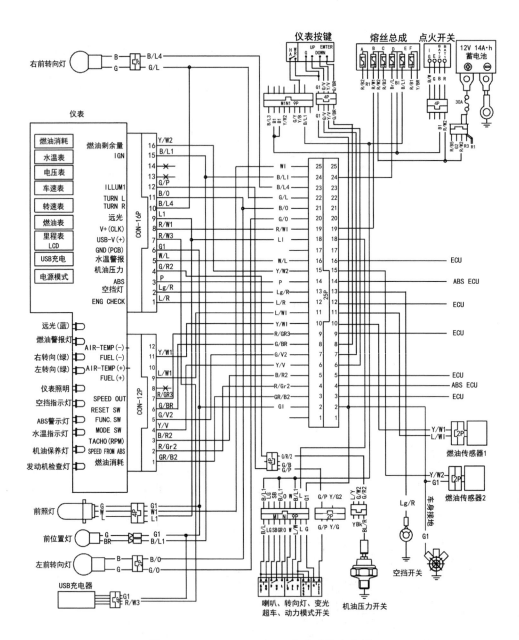

图 4-34　KRIDER 400 ABS 仪表系统电路图

四、发动机电控系统

KRIDER 400 ABS 跨骑摩托车的发动机电控系统电路如图 4-35 所示。

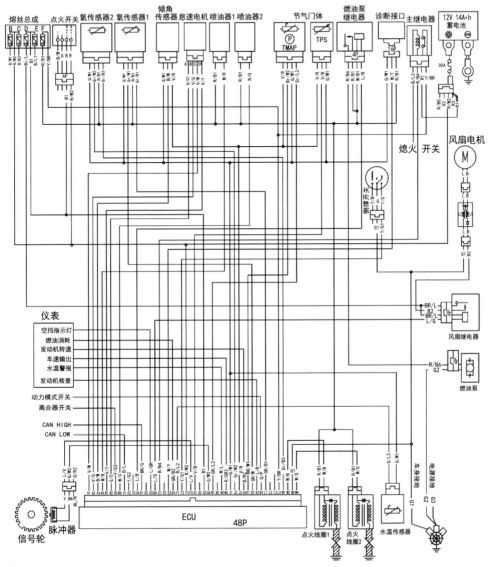

图 4-35　KRIDER 400 ABS 发动机电控系统电路图

打开点火开关，且收回摩托车侧撑时，侧撑继电器向燃油泵继电器、点火线圈、氧传感器和发动机 ECU 供电。ECU 采集发动机各传感器信号，计算喷油和点火时刻，控制各执行器工作。

五、制动防抱死系统（ABS）

KRIDER 400 ABS 跨骑摩托车的 ABS 系统电路如图 4-36 所示。

打开点火开关时，点火电源通过电路图中的熔丝 B 唤醒 ABS ECU，系统进入工作状态。ABS ECU 通过比对车速和两个车轮的轮速来分析车辆滑移率，然后通过液压泵和液压阀，调节制动器的液压制动力，来防止车轮制动时打滑。

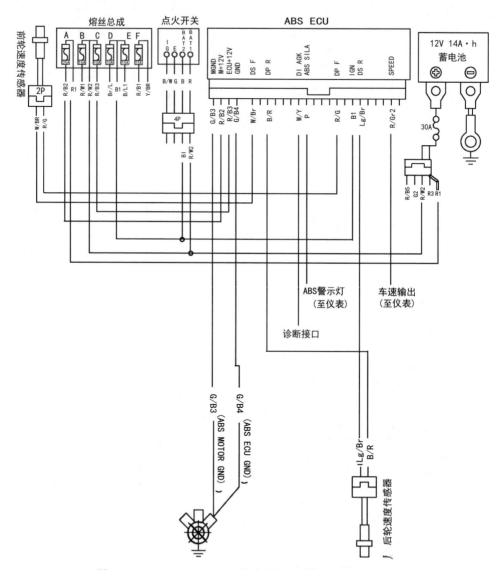

图 4-36　KRIDER 400 ABS 制动防抱死系统（ABS）电路图

第五章

隆鑫无极（VOGE）摩托车电路图

第一节 无极 200R 摩托车电路图

一、充电与启动系统

无极 200R 摩托车的充电与启动系统电路如图 5-1 所示。

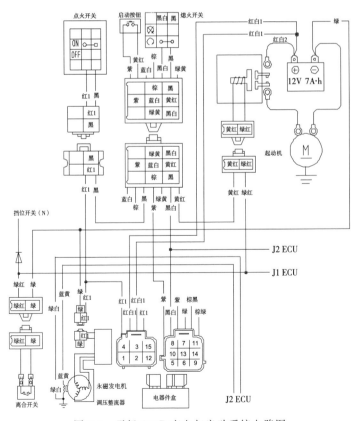

图 5-1 无极 200R 充电与启动系统电路图

二、照明与信号系统

无极 200R 摩托车的照明与信号系统电路如图 5-2 所示。

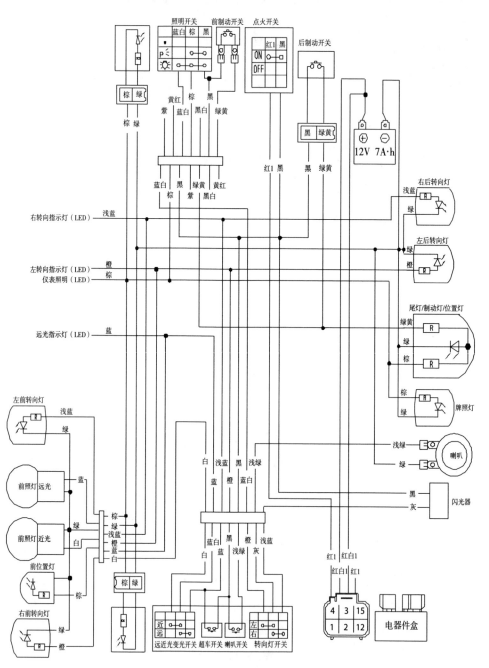

图 5-2　无极 200R 照明与信号系统电路图

三、仪表系统

无极 200R 摩托车的仪表系统电路如图 5-3 所示。

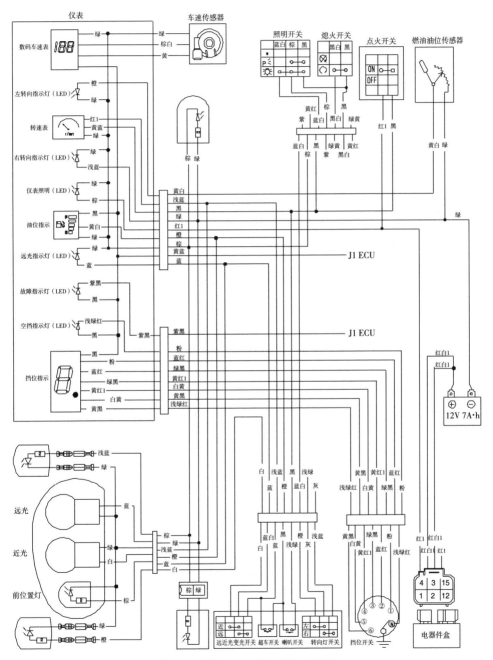

图 5-3 无极 200R 仪表系统电路图

四、发动机电控系统

无极 200R 摩托车的发动机电控系统电路如图 5-4 所示。

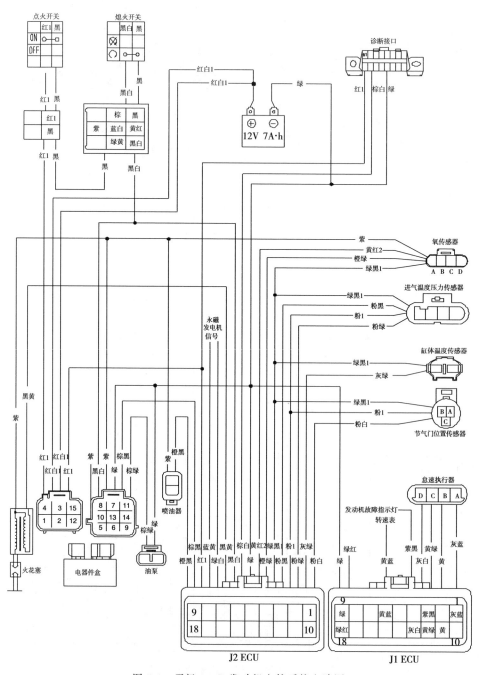

图 5-4　无极 200R 发动机电控系统电路图

第二节　无极 300AC 摩托车电路图

一、充电与启动系统

无极 300AC 摩托车的充电与启动系统电路如图 5-5 所示。

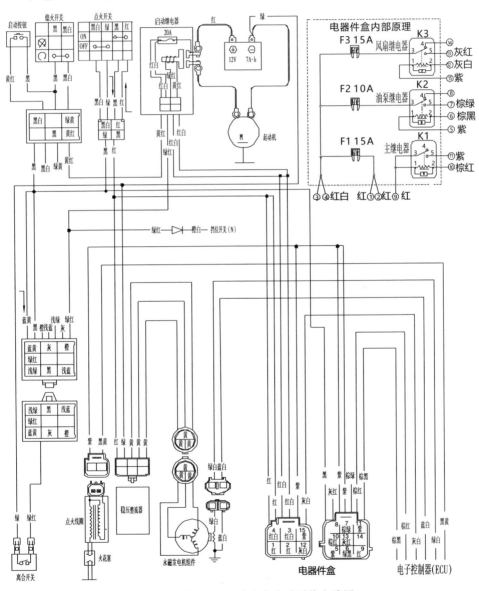

图 5-5　无极 300AC 充电与启动系统电路图

二、照明与信号系统

无极 300AC 摩托车的照明与信号系统电路如图 5-6 所示。

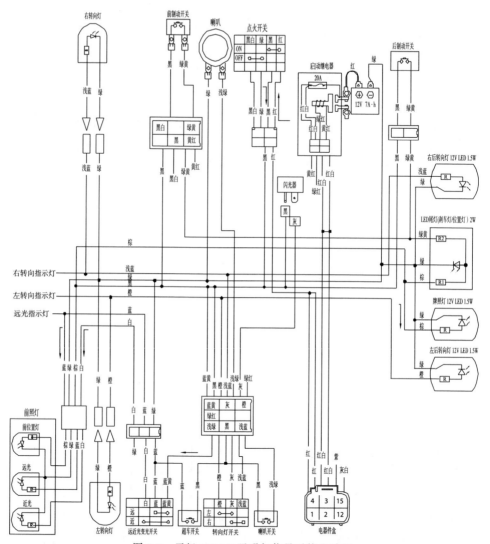

图 5-6　无极 300AC 照明与信号系统电路图

位置灯：蓄电池正极电源由红线经过启动继电器内部，通过 20A 熔丝流向红白线，进入电器件盒，通过电器件盒内熔丝流向红线。打开点火开关，同时黑线与棕线相通，仪表照明灯、前位置灯、油箱装饰灯、尾灯、后牌照灯亮。

前照灯：当点火开关开启，黑线和蓝黄线导通，黑线电流流经蓝黄线，进入远近光变光开关，此时前照灯的远光灯或者近光灯亮，可调节远近光变光开关进行远近光切换。

三、仪表系统

无极 300AC 摩托车的仪表系统电路如图 5-7 所示。

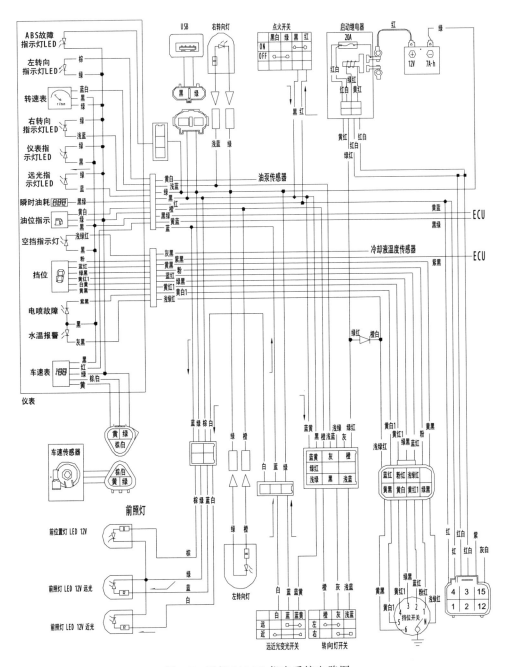

图 5-7　无极 300AC 仪表系统电路图

四、发动机电控系统

无极 300AC 摩托车的发动机电控系统电路如图 5-8 所示。

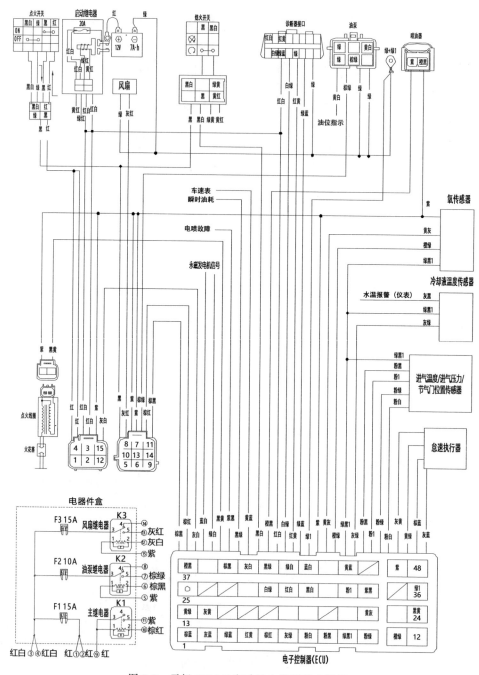

图 5-8   无极 300AC 发动机电控系统电路图

第三节　无极 300DS 摩托车电路图

一、充电与启动系统

无极 300DS 摩托车的充电与启动系统电路如图 5-9 所示。

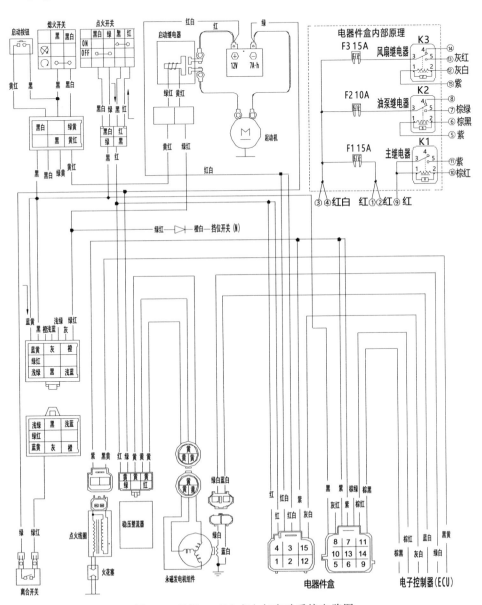

图 5-9　无极 300DS 充电与启动系统电路图

二、照明与信号系统

无极 300DS 摩托车的照明与信号系统电路如图 5-10 所示。

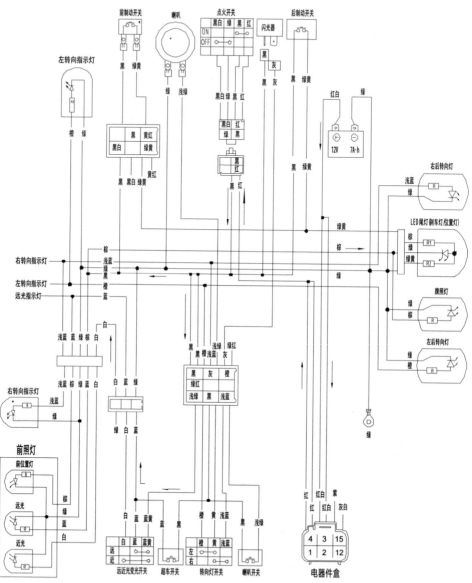

图 5-10　无极 300DS 照明与信号系统电路图

位置灯：蓄电池正极电源通过红白线进入电器件盒，通过电器件盒内熔丝流向红线。打开点火开关，同时黑线与棕线相通，仪表照明灯、前位置灯、尾灯、后牌照灯亮。

　　前照灯：当点火开关开启，黑线和蓝黄线导通，黑线电流流经蓝黄线，进入远近光变光开关，此时前照灯的远光灯或者近光灯亮，可调节远近光变光开关进行远近光切换。

三、仪表系统

　　无极 300DS 摩托车的仪表系统电路如图 5-11 所示。

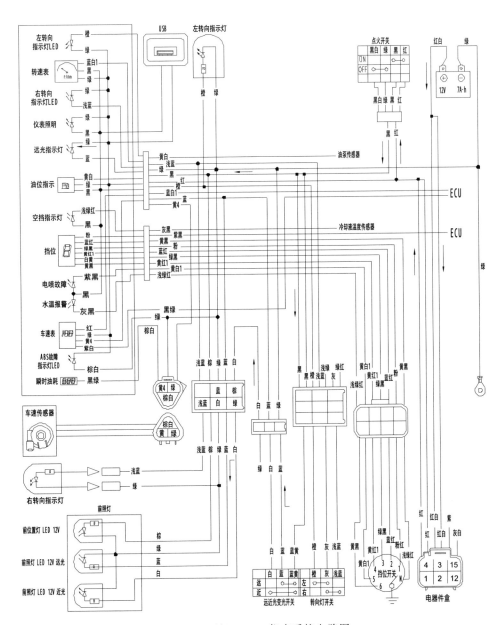

图 5-11　无极 300DS 仪表系统电路图

四、发动机电控系统

无极 300DS 摩托车的发动机电控系统电路如图 5-12 所示。

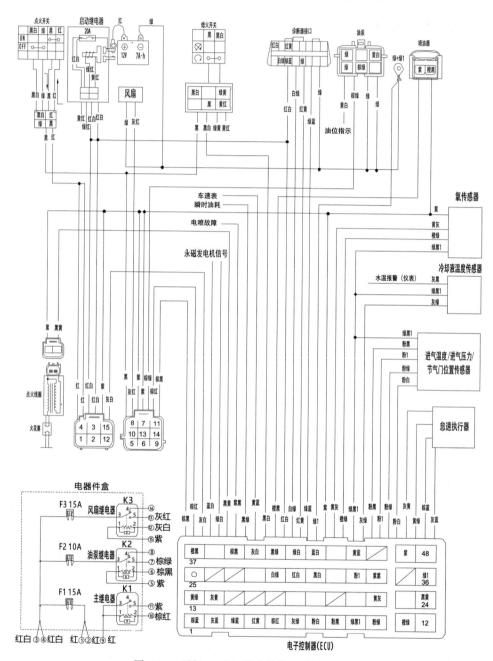

图 5-12　无极 300DS 发动机电控系统电路图

第四节　无极 300GY 摩托车电路图

一、充电与启动系统

无极 300GY 摩托车的充电与启动系统电路如图 5-13 所示。

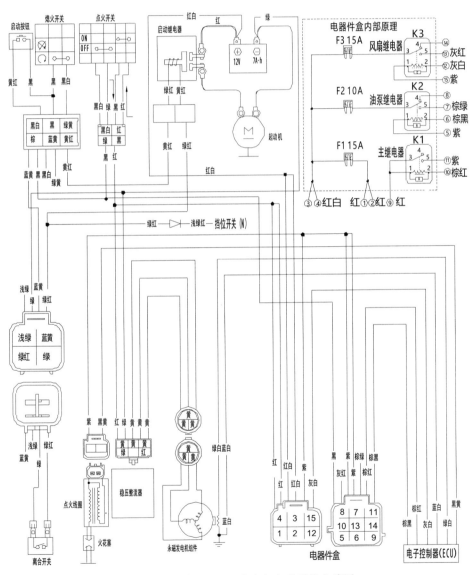

图 5-13　无极 300GY 充电与启动系统电路图

二、照明与信号系统

无极 300GY 摩托车的照明与信号系统电路如图 5-14 所示。

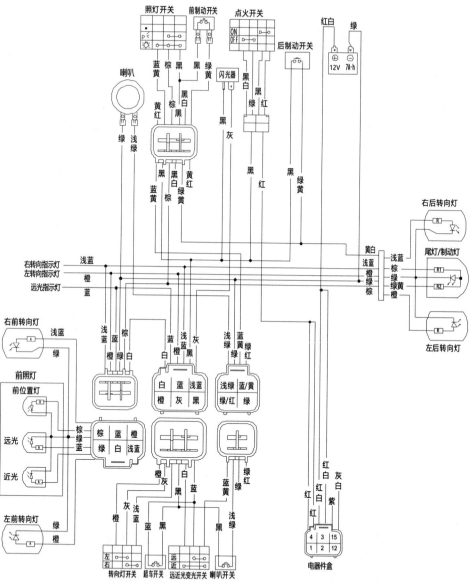

图 5-14 无极 300GY 照明与信号系统电路图

位置灯：蓄电池正极电源通过红白线进入电器件盒，通过电器件盒内熔丝流向红线。打开点火开关时，黑线通电。打开照明开关小灯挡时，黑线与棕线相通，仪表照明灯、前位置灯、尾灯点亮。

　　前照灯：当打开点火开关，开启照明开关大灯挡时，黑线和蓝黄线导通，黑线电流流经蓝黄线，进入远近光变光开关，此时前照灯的远光灯或者近光灯亮，可调节远近光变光开关进行远近光切换。

三、仪表系统

　　无极 300GY 摩托车的仪表系统电路如图 5-15 所示。

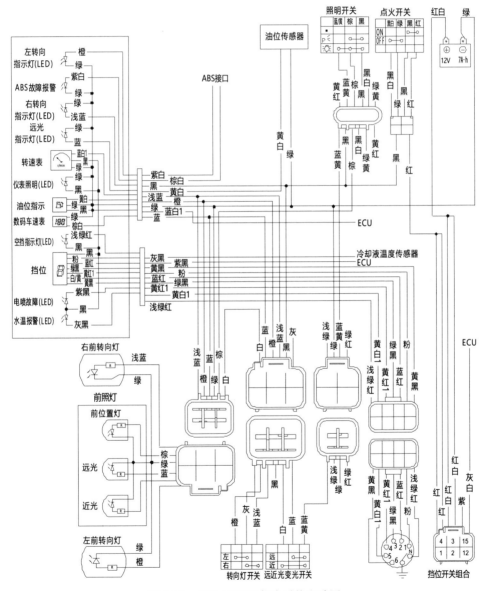

图 5-15　无极 300GY 仪表系统电路图

四、发动机电控系统

无极 300GY 摩托车的发动机电控系统电路如图 5-16 所示。

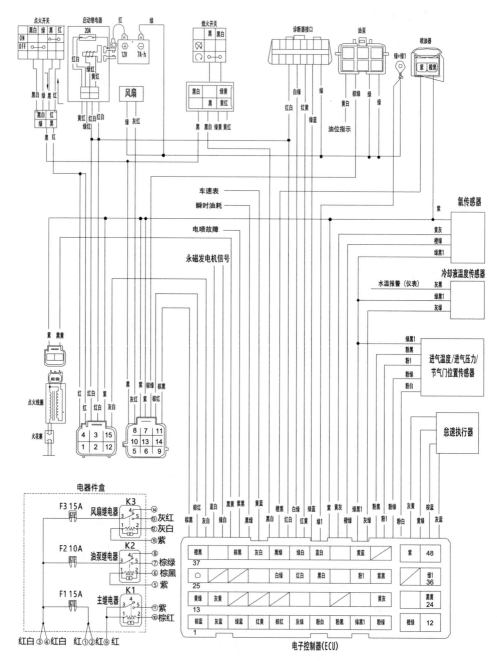

图 5-16　无极 300GY 发动机电控系统电路图

五、制动防抱死系统（ABS）

无极 300GY 摩托车的制动防抱死系统电路如图 5-17 所示。

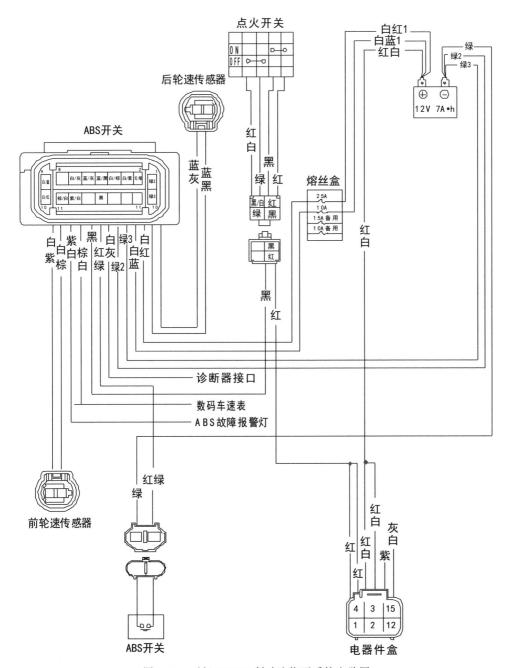

图 5-17　无极 300GY 制动防抱死系统电路图

第五节　无极 500R 摩托车电路图

一、主要电器元件和整车供电图

无极 500R 摩托车的主要电气元件位于座垫下方，如图 5-18 所示。

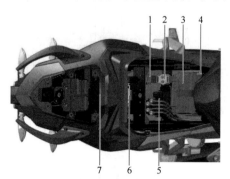

图 5-18　无极 500R 主要电气元件位置

1—熔丝盒；2—启动继电器；3—蓄电池；4—倾倒开关；5—ABS 控制器；6—诊断器接口；7—ECU

无极 500R 摩托车的整车供电原理如图 5-19 所示。

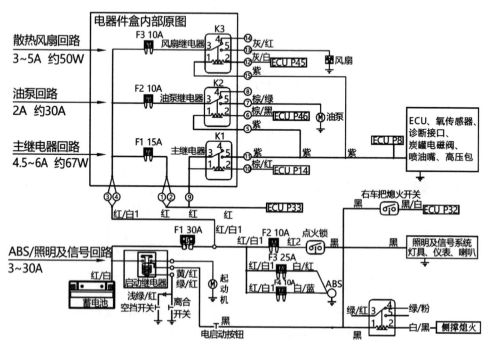

图 5-19　无极 500R 整车供电原理图

本车型采用 1 个电器件盒（内部集成继电器）和 1 个熔丝盒。整车电源熔丝（30A）控制电喷系统、ABS 系统、整车其他用电负载（仪表、灯具等）的供电和蓄电池的充电回路。

二、充电与启动系统

无极 500R 摩托车的充电与启动系统电路如图 5-20 所示。

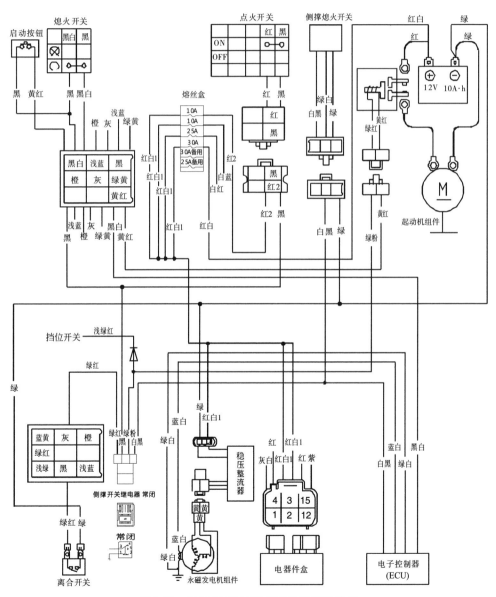

图 5-20　无极 500R 充电与启动系统电路图

三、照明与信号系统

无极 500R 摩托车的照明与信号系统电路如图 5-21 所示。

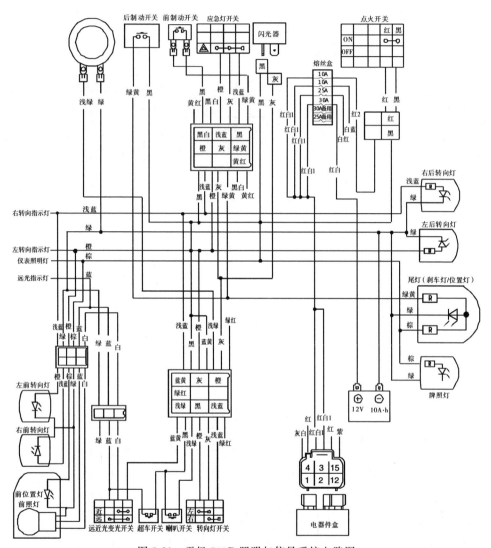

图 5-21　无极 500R 照明与信号系统电路图

位置灯：蓄电池正极电源由红白色线通过熔丝盒中的 30A 主熔丝流向多路红白1线、电器件盒，然后通过 10A 点火熔丝流向红 2 线。打开点火开关，红线与黑线相通，同时黑线与棕线相通，仪表照明灯、前位置灯、尾灯、后牌照灯亮。

前照灯：当点火开关开启，黑线和蓝黄线导通，黑线电流流经蓝黄线，进入远近光变光开关，此时前照灯的远光灯或者近光灯亮，可调节远近光变光开关进行远近光切换。

四、仪表系统

无极 500R 摩托车的仪表系统电路如图 5-22 所示。

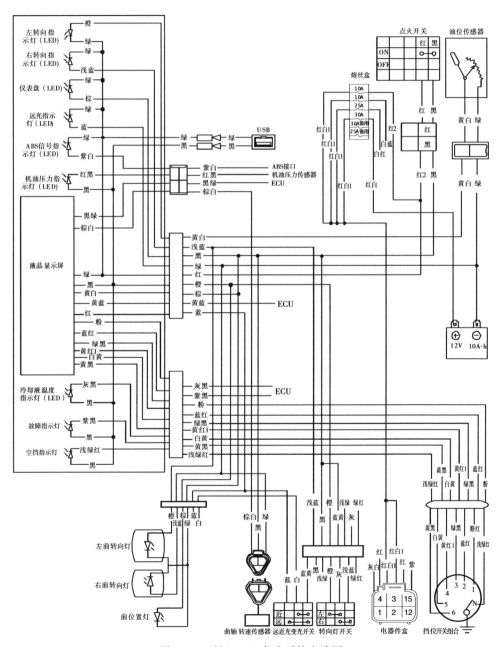

图 5-22　无极 500R 仪表系统电路图

五、发动机电控系统

无极 500R 摩托车的发动机电控系统电路如图 5-23 所示。

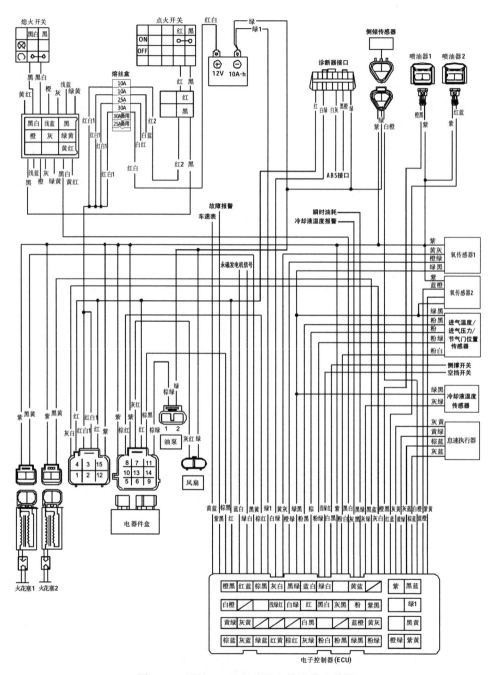

图 5-23　无极 500R 发动机电控系统电路图

六、制动防抱死系统（ABS）

无极 500R 摩托车的制动防抱死系统电路如图 5-24 所示。

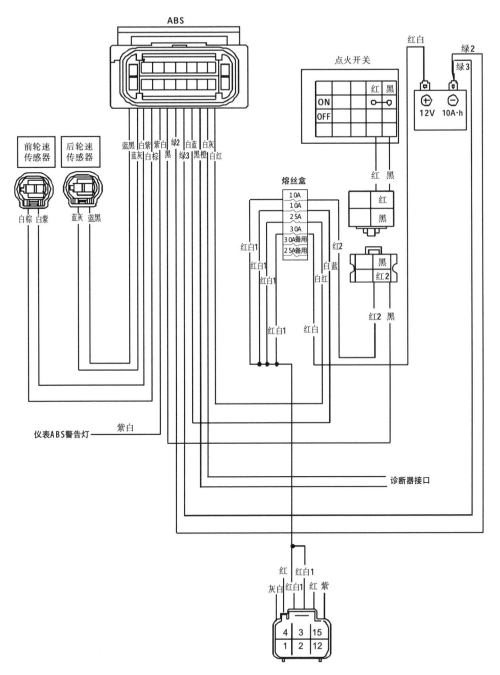

图 5-24　无极 500R 制动防抱死系统电路图

第六节　无极 500DS 摩托车电路图

一、主要电气元件和整车供电图

无极 500DS 摩托车的主要电器元件位于坐垫下方，如图 5-25 所示。

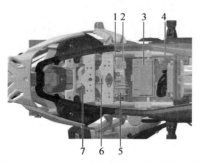

图 5-25　无极 500DS 主要电器元件位置

1—熔丝盒；2—启动继电器；3—蓄电池；4—倾倒开关；5—ABS 控制器；6—诊断器接口；7—ECU

无极 500DS 摩托车的整车供电原理如图 5-26 所示。

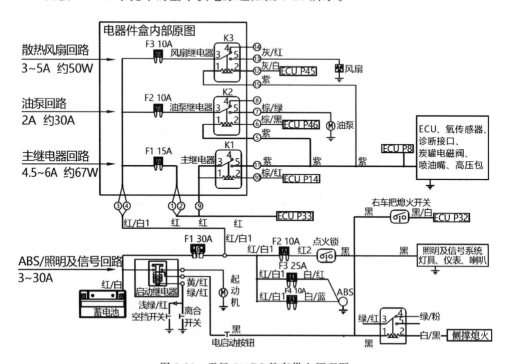

图 5-26　无极 500DS 整车供电原理图

本车型采用 1 个电器件盒（内部集成继电器）和 1 个熔丝盒。整车电源熔丝（30A）控制电喷系统、ABS 系统、整车其他用电负载（仪表、灯具等）的供电和蓄电池的充电回路。

二、充电与启动系统

无极 500DS 摩托车的充电与启动系统电路如图 5-27 所示。

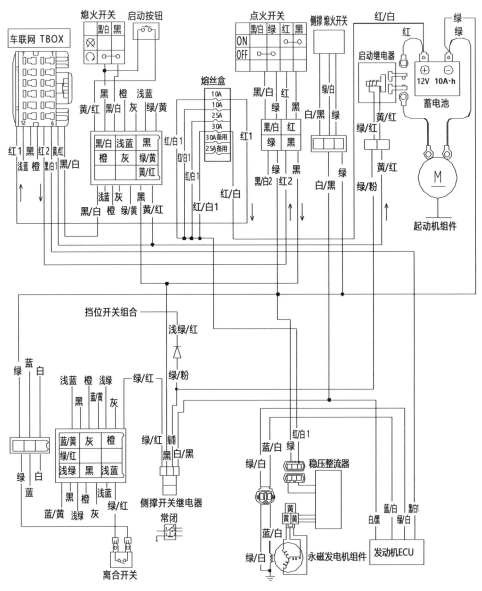

图 5-27　无极 500DS 充电与启动系统电路图

三、照明与信号系统

无极 500DS 摩托车的照明与信号系统电路如图 5-28 所示。

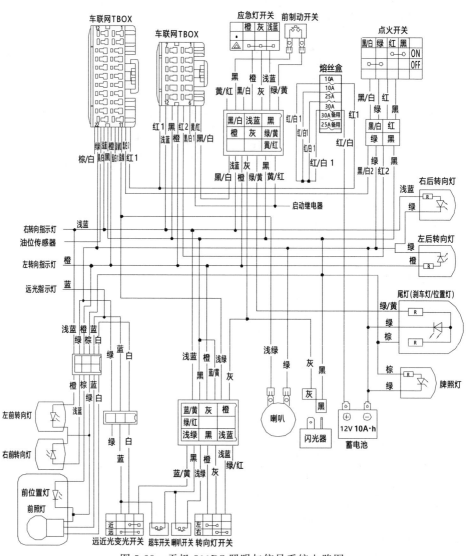

图 5-28　无极 500DS 照明与信号系统电路图

打开点火开关，前照灯、位置灯、仪表背光灯全部点亮，且右车把无关闭开关。

前照灯的电流方向：蓄电池正极→总熔丝（30A）→分熔丝（10A）→车载 TBOX 转接头→点火开关→左车把变光开关→前照灯组→蓄电池负极。

位置灯、仪表背光灯的电流方向：蓄电池正极→总熔丝（30A）→分熔丝

（10A）→车载 TBOX 转接头→点火开关→位置灯组、仪表背光灯组→蓄电池负极。

四、仪表系统

无极 500DS 摩托车的仪表系统电路如图 5-29 所示。

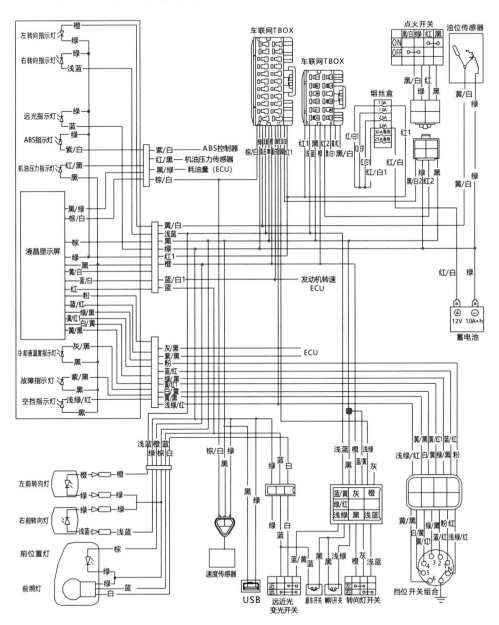

图 5-29　无极 500DS 仪表系统电路图

五、发动机电控系统

无极 500DS 摩托车的发动机电控系统电路如图 5-30 所示。

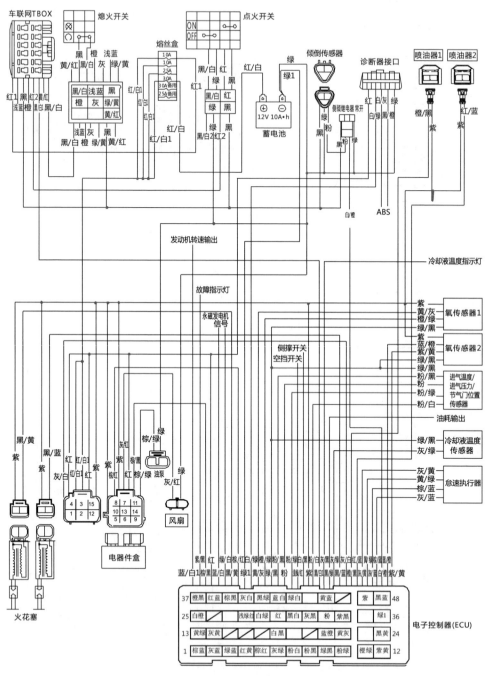

图 5-30　无极 500DS 发动机电控系统电路图

六、制动防抱死系统（ABS）

无极 500DS 摩托车的制动防抱死系统电路如图 5-31 所示。

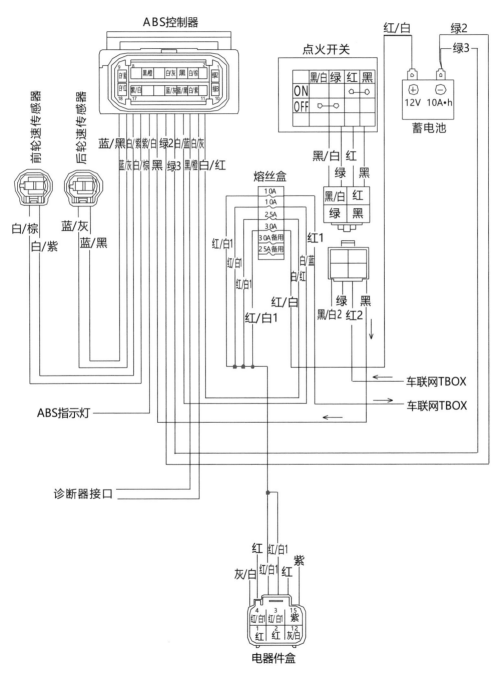

图 5-31　无极 500DS 制动防抱死系统电路图

第七节　无极 500AC 摩托车电路图

一、主要电气元件和整车供电图

无极 500AC 摩托车的主要电器元件位于坐垫下方，如图 5-32 所示。

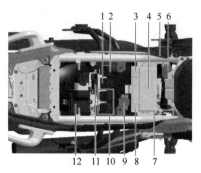

图 5-32　无极 500AC 主要电器元件位置

1—熔丝盒；2—闪光器；3—电池正极；4—蓄电池；5—电器盒；6—倾倒开关；7—ABS 控制器；
8—电池负极；9—启动继电器；10—辅助继电器；11—诊断器接口；12—ECU

无极 500AC 摩托车的整车供电原理如图 5-33 所示。

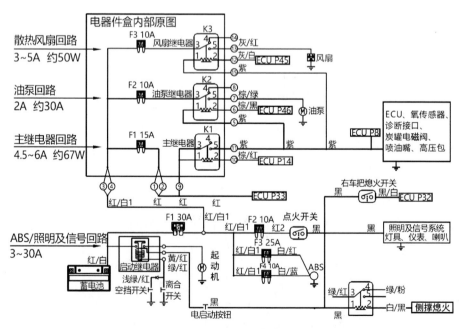

图 5-33　无极 500AC 整车供电原理图

本车型采用 1 个电器件盒（内部集成继电器）和 1 个熔丝盒。整车电源熔丝（30A）控制电喷系统、ABS 系统、整车其他用电负载（仪表、灯具等）的供电和蓄电池的充电回路。

二、充电与启动系统

无极 500AC 摩托车的充电与启动系统电路如图 5-34 所示。

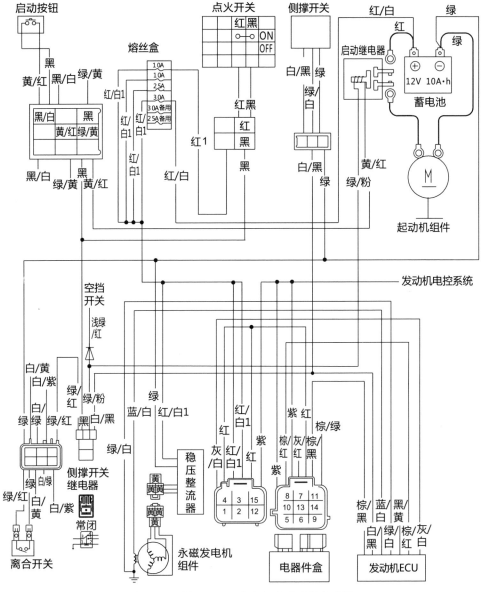

图 5-34　无极 500AC 充电与启动系统电路图

三、照明与信号系统

无极 500AC 摩托车的照明与信号系统电路如图 5-35 所示。

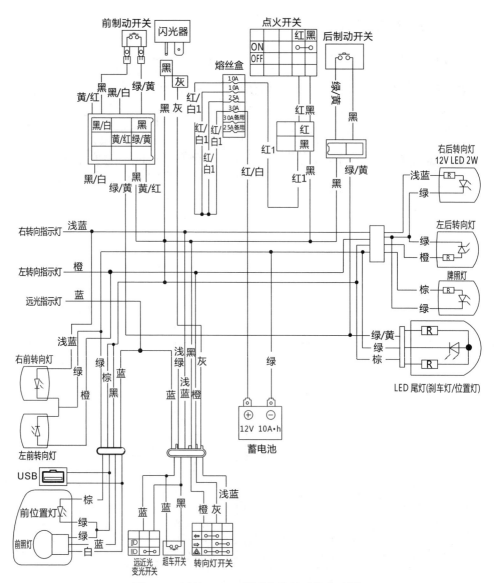

图 5-35　无极 500AC 照明与信号系统电路图

蓄电池正极电源由红白色线通过熔丝盒中的 30A 主熔丝流向多路红白 1 线、电器件盒，然后通过 10A 点火熔丝流向红 1 线。打开点火开关，红线与黑线相通，同时黑线与棕线相通，前照灯（近光，白线）、仪表照明灯、前位置灯、尾灯、后牌照灯亮。

当点火开关开启时，黑线电流进入远近光变光开关，打开远光灯，供电通过蓝色线点亮远光灯和仪表上的远光指示灯。

四、仪表系统

无极 500AC 摩托车的仪表系统电路如图 5-36 所示。

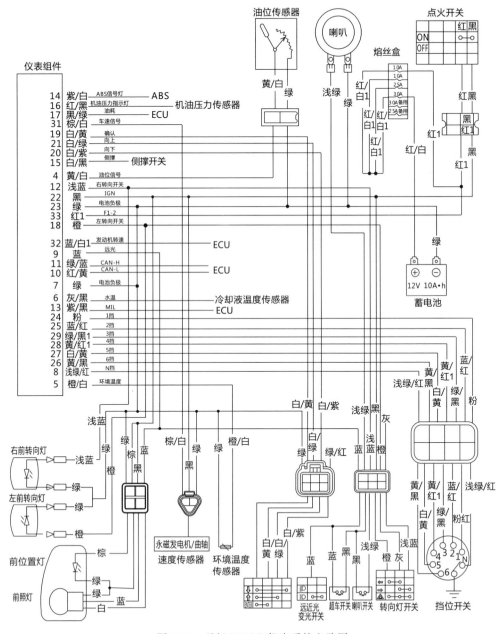

图 5-36　无极 500AC 仪表系统电路图

五、发动机电控系统

无极 500AC 摩托车的发动机电控系统电路如图 5-37 所示。

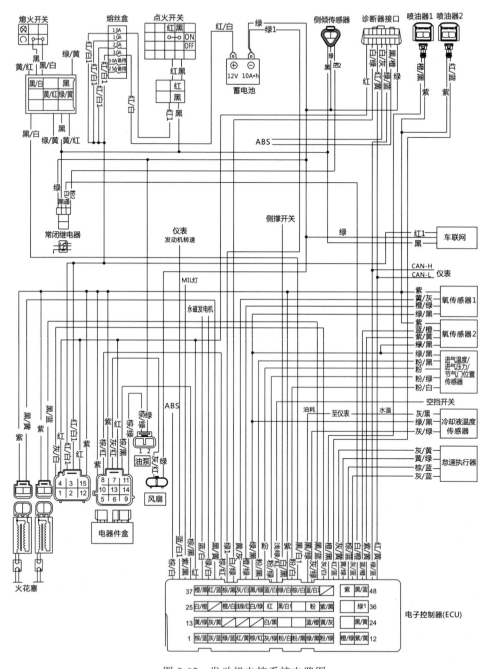

图 5-37　发动机电控系统电路图

六、制动防抱死系统（ABS）

无极 500AC 摩托车的制动防抱死系统电路如图 5-38 所示。

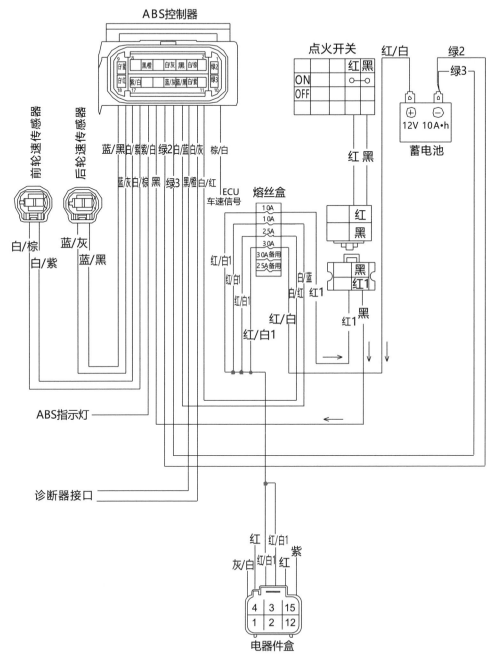

图 5-38　无极 500AC 制动防抱死系统电路图

第一节　龙嘉 LJ250-V（V 伽）摩托车电路图

一、充电与启动系统

龙嘉 LJ250-V（V 伽）摩托车的充电与启动系统电路如图 6-1 所示。

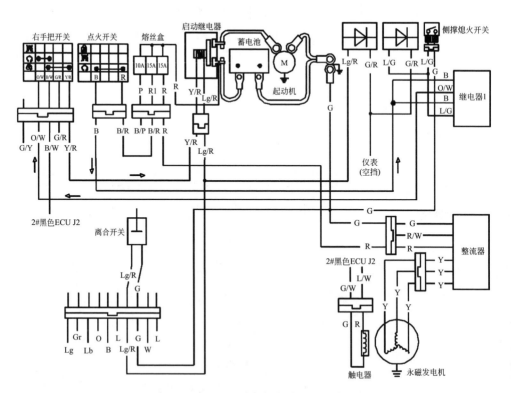

图 6-1　LJ250-V 充电与启动系统电路图

二、仪表、照明与信号系统

龙嘉 LJ250-V（V 伽）摩托车的仪表、照明与信号系统电路如图 6-2 所示。

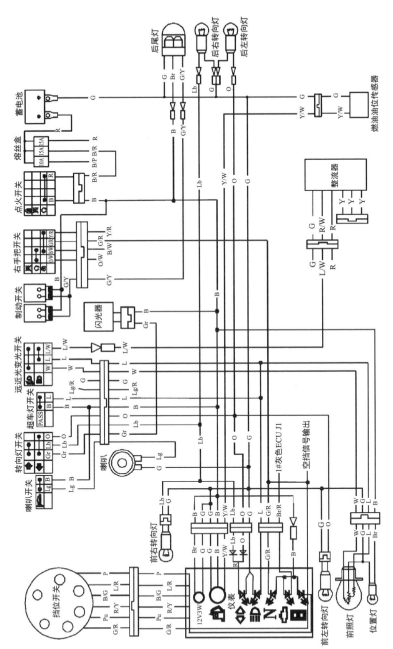

图 6-2 LJ250-V 仪表、照明与信号系统电路图

三、发动机电控系统

龙嘉 LJ250-V（V 伽）摩托车的发动机电控系统电路如图 6-3 所示。

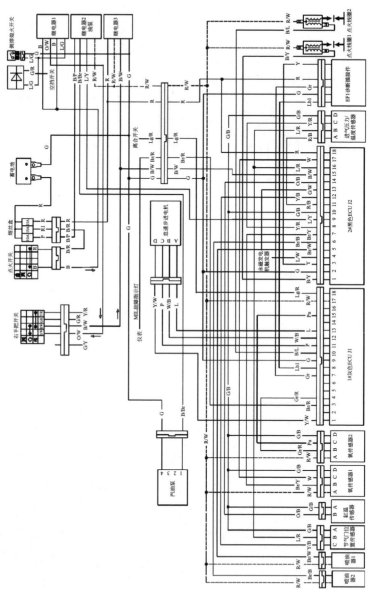

图 6-3　LJ250-V 发动机电控系统电路图

第二节　龙嘉 LJ250-2V（NEVADA）摩托车电路图

一、充电与启动系统

龙嘉 LJ250-2V（NEVADA）摩托车的充电与启动系统电路如图 6-4 所示。

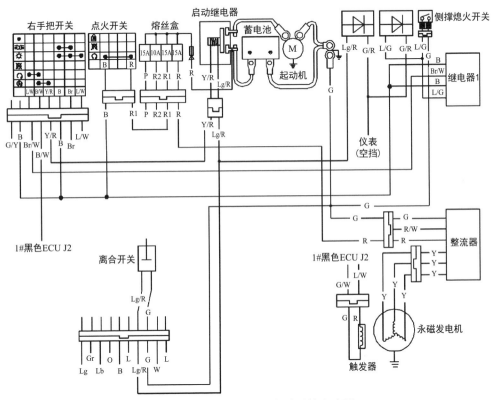

图 6-4　LJ250-2V 充电与启动系统电路图

二、仪表、照明与信号系统

龙嘉 LJ250-2V（NEVADA）摩托车的仪表、照明与信号系统电路如图 6-5 所示。

三、发动机电控系统

龙嘉 LJ250-2V（NEVADA）摩托车的发动机电控系统电路如图 6-6 所示。

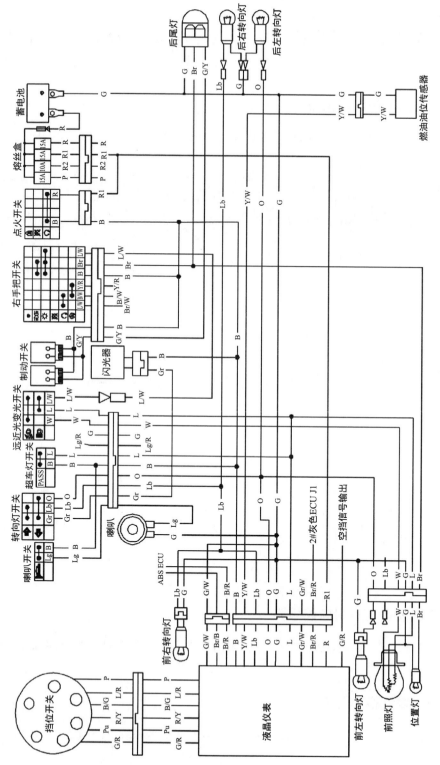

图 6-5　LJ250-2V 仪表、照明与信号系统电路图

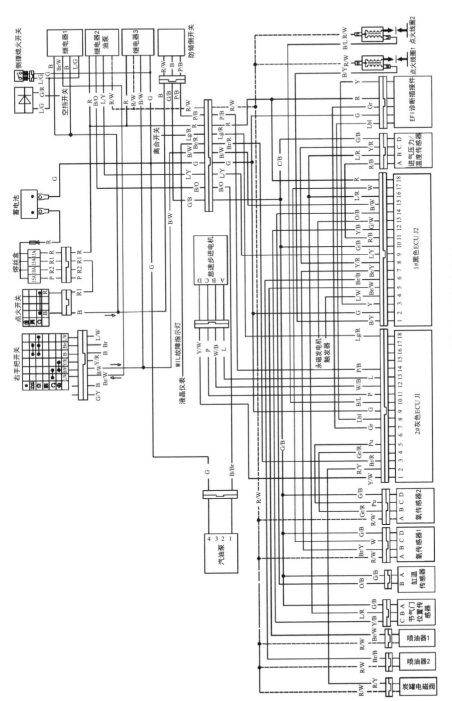

图 6-6 LJ250-2V 发动机电控系统电路图

四、制动防抱死系统（ABS）

龙嘉 LJ250-2V（NEVADA）摩托车的制动防抱死系统（ABS）电路如图 6-7 所示。

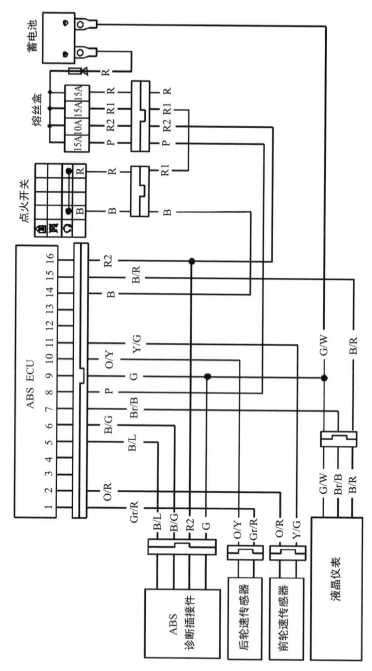

图 6-7　LJ250-2V 制动防抱死系统电路图

第三节　龙嘉 LJ250-5V（V-BOB）摩托车电路图

一、充电与启动系统

龙嘉 LJ250-5V（V-BOB）摩托车的充电与启动系统电路如图 6-8 所示。

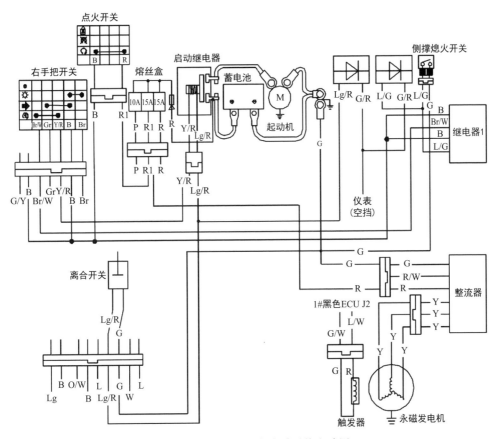

图 6-8　LJ250-5V 充电与启动系统电路图

二、仪表、照明与信号系统

龙嘉 LJ250-5V（V-BOB）摩托车的仪表、照明与信号系统电路如图 6-9 所示。

三、发动机电控系统

龙嘉 LJ250-5V（V-BOB）摩托车的发动机电控系统电路如图 6-10 所示。

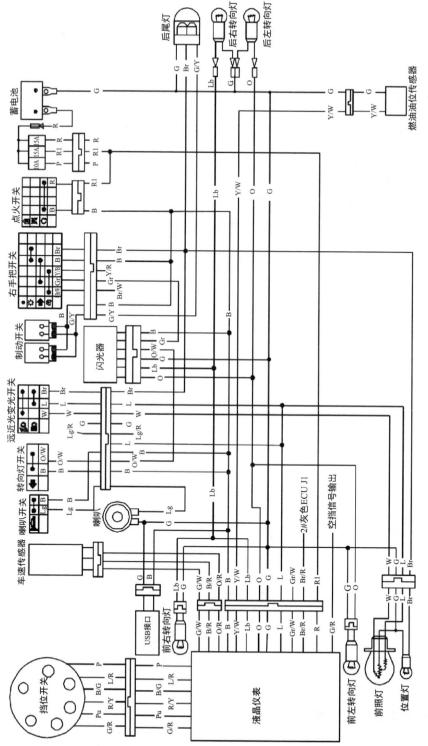

图 6-9 LJ250-5V 仪表、照明与信号系统电路图

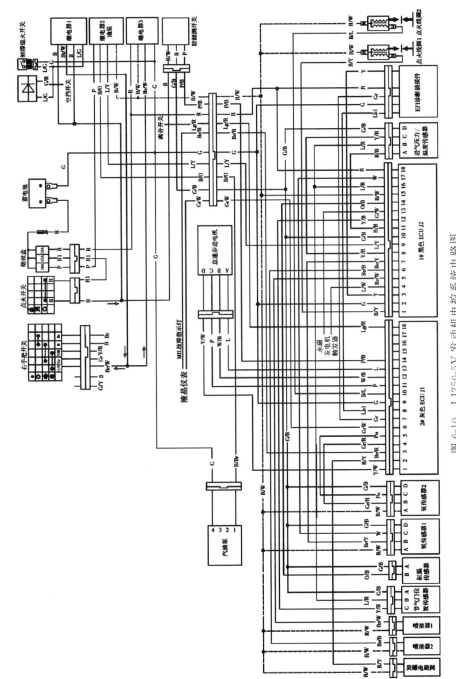

图 6-10　LJ250-5V 发动机电控系统电路图

第七章

其他品牌摩托车电路图

第一节　铃木悍骏 GR150 电喷摩托车电路图

一、充电与启动系统

铃木悍骏 GR150 电喷摩托车的充电与启动系统电路如图 7-1 所示。

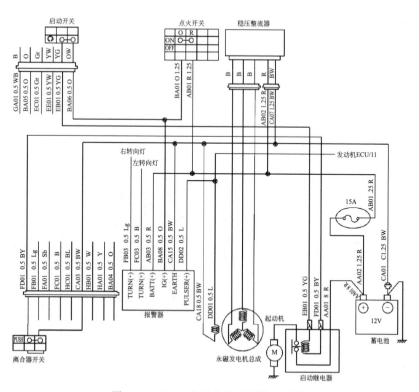

图 7-1　GR150 充电与启动系统电路图

二、圆灯版仪表、照明与信号系统

圆灯版铃木悍骏 GR150 摩托车的仪表、照明与信号系统电路如图 7-2 所示。

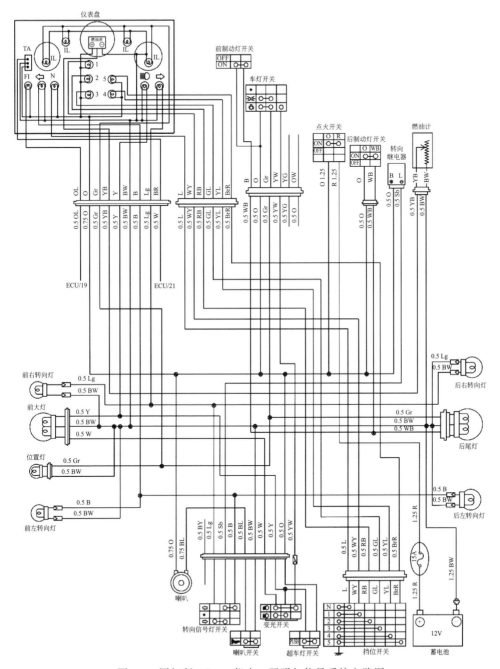

图 7-2　圆灯版 GR150 仪表、照明与信号系统电路图

三、导流罩版仪表、照明与信号系统

导流罩版铃木悍骏 GR150 摩托车的仪表、照明与信号系统电路如图 7-3 所示。

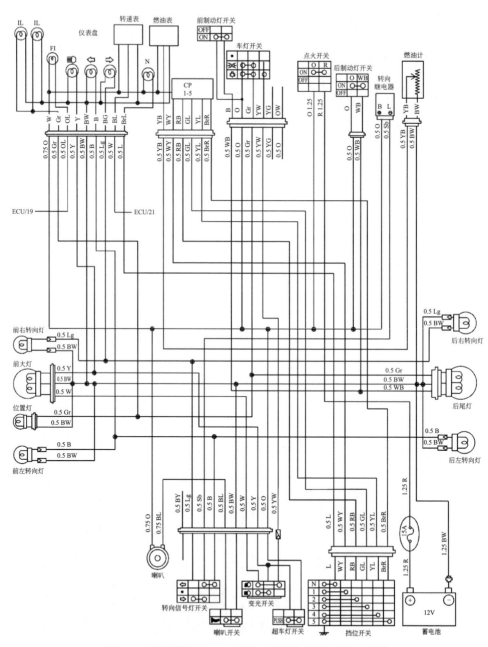

图 7-3　导流罩版 GR150 仪表、照明与信号系统电路图

四、发动机电控系统

铃木悍骏 GR150 摩托车的发动机电控系统电路如图 7-4 所示。

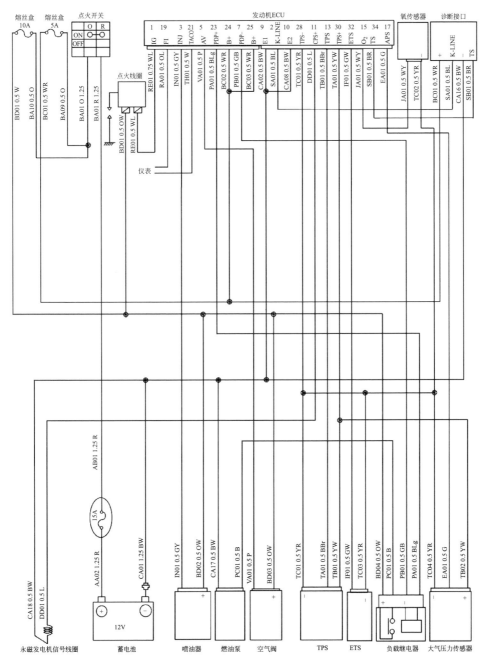

图 7-4　GR150 发动机电控系统电路图

第二节　本田佳御 110 踏板摩托车电路图

一、充电与启动系统

本田佳御 110（WH110T-A）踏板摩托车的充电与启动系统电路如图 7-5 所示。

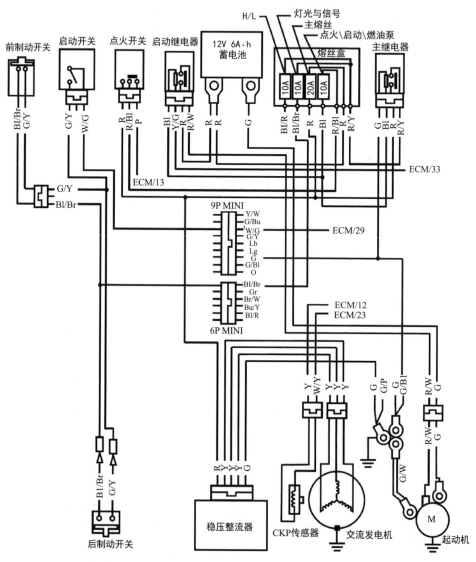

图 7-5　佳御 110（WH110T-A）充电与启动系统电路图

二、仪表、照明与信号系统

本田佳御 110（WH110T-A）踏板摩托车的仪表、照明与信号系统电路如图 7-6 所示。

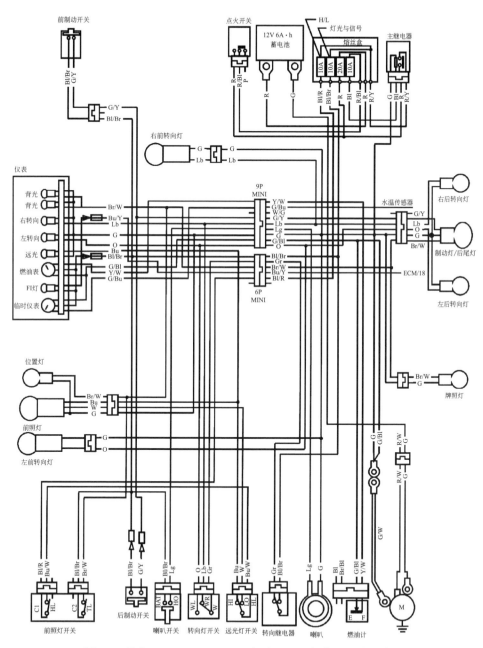

图 7-6　佳御 110（WH110T-A）仪表、照明与信号系统电路图

三、发动机电控系统

本田佳御 110（WH110T-A）踏板摩托车的发动机电控系统电路如图 7-7 所示。

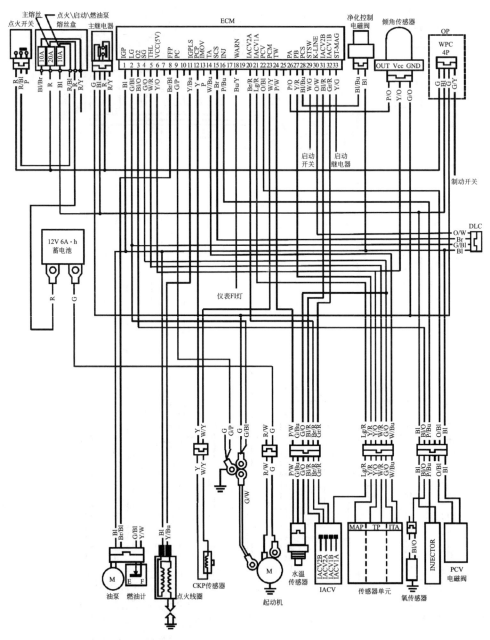

图 7-7　佳御 110（WH110T-A）发动机电控系统电路图

第三节　雅马哈 BWS125 踏板摩托车电路图

一、充电与启动系统

雅马哈 BWS125 踏板摩托车的充电与启动系统电路如图 7-8 所示。

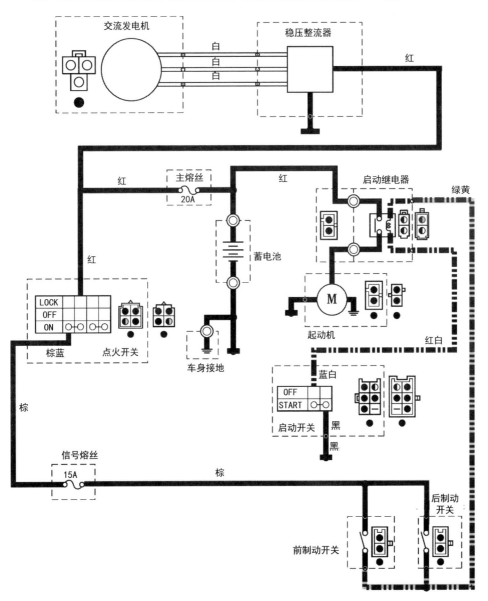

图 7-8　BWS125 充电与启动系统电路图

二、照明系统

雅马哈 BWS125 踏板摩托车的照明系统电路如图 7-9 所示。

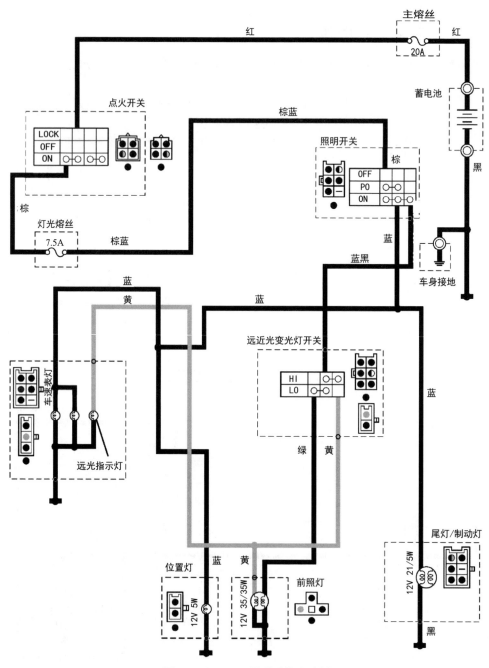

图 7-9　BWS125 照明系统电路图

三、信号系统

雅马哈 BWS125 踏板摩托车的信号系统电路如图 7-10 所示。

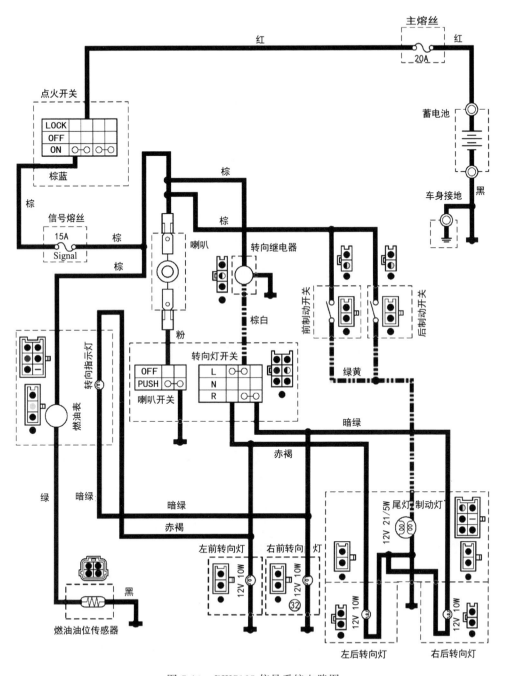

图 7-10　BWS125 信号系统电路图

四、燃油喷射系统

雅马哈 BWS125 踏板摩托车的燃油喷射系统电路如图 7-11 所示。

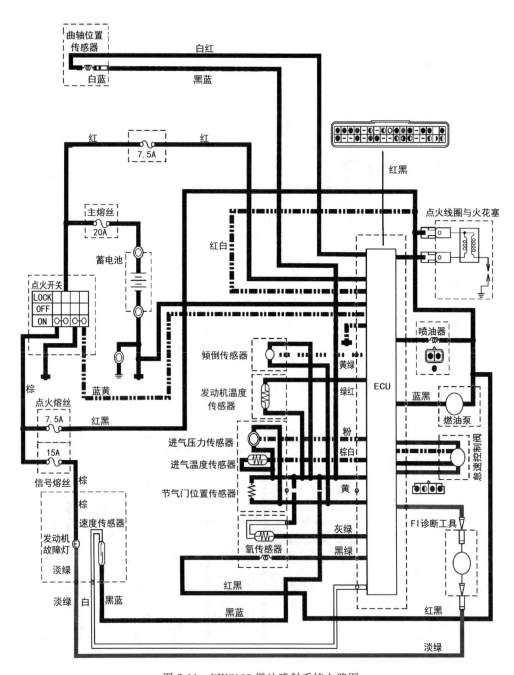

图 7-11　BWS125 燃油喷射系统电路图

五、点火系统

雅马哈 BWS125 踏板摩托车的点火系统电路如图 7-12 所示。

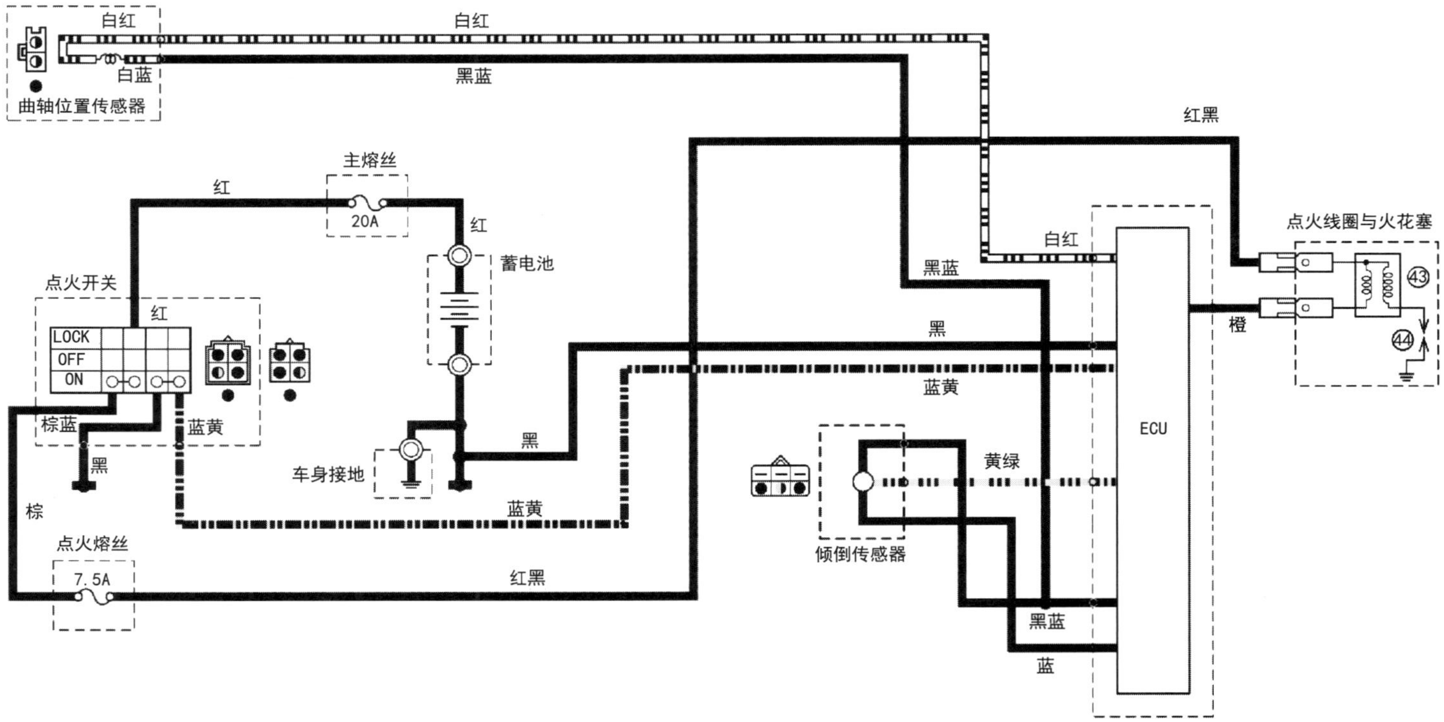

图 7-12 BWS125 点火系统电路图

第四节　嘉陵 223 摩托车电路图

一、充电与启动系统

嘉陵 223 摩托车的充电与启动系统电路如图 7-13 所示。

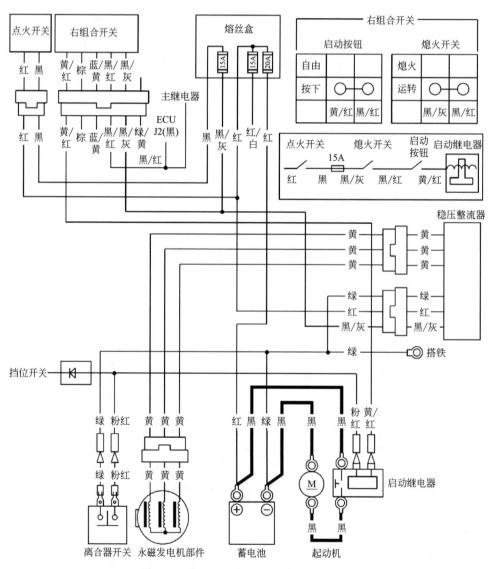

图 7-13　嘉陵 223 充电与启动系统电路图

二、照明与信号系统

嘉陵 223 摩托车的照明与信号系统电路如图 7-14 所示。

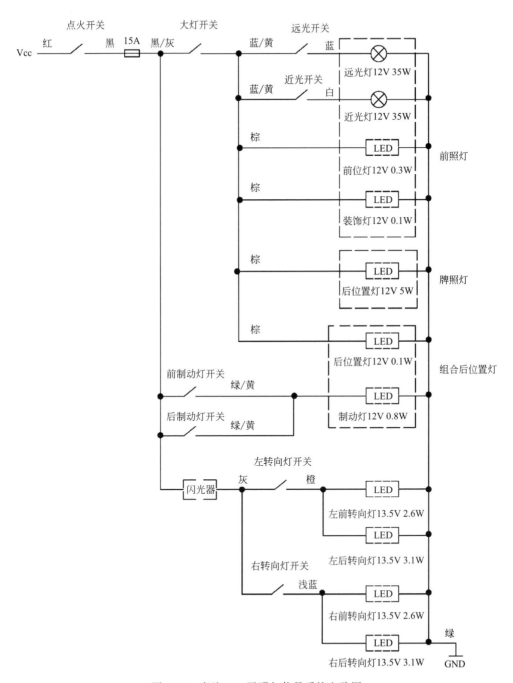

图 7-14 嘉陵 223 照明与信号系统电路图

三、仪表系统

嘉陵 223 摩托车的仪表系统电路如图 7-15 所示。

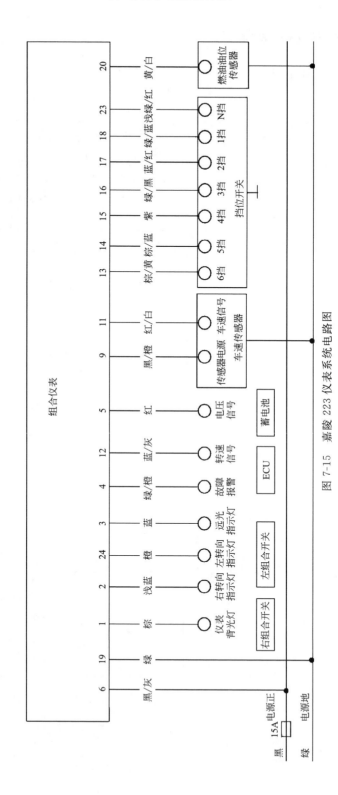

图 7-15 嘉陵 223 仪表系统电路图

四、发动机电控系统

嘉陵 223 摩托车的发动机电控系统电路如图 7-16 所示。

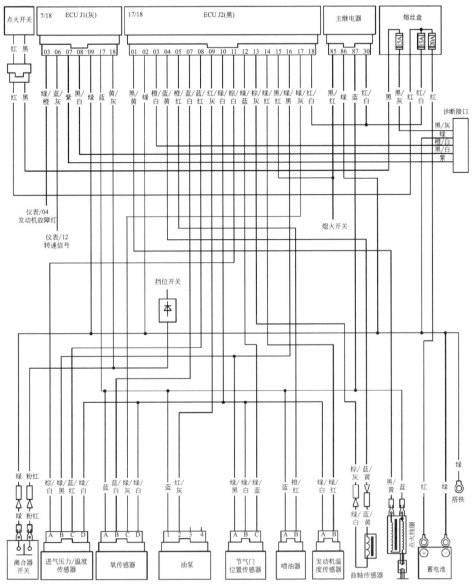

图 7-16　嘉陵 223 发动机电控系统电路图